O que seu chefe realmente quer de você

STEVE ARNESON

O que seu chefe realmente quer de você

Como usar o estilo de liderança do seu chefe a seu favor

1ª edição

Tradução
Felipe José Lindoso

RIO DE JANEIRO | 2016

CIP-BRASIL. CATALOGAÇÃO NA FONTE
SINDICATO NACIONAL DOS EDITORES DE LIVROS, RJ

Arneson, Steve

A771q   O que seu chefe realmente quer de você: como usar o estilo de liderança do seu chefe a seu favor / Steve Arneson; tradução Felipe José Lindoso. – 1. ed. – Rio de Janeiro: Best*Seller*, 2016.
128 p.; 21 cm.

Tradução de: What Your Boss Really Wants from You
ISBN 978-85-7684-975-9

1. Administração de pessoal. 2. Desenvolvimento organizacional. 3. Sucesso nos negócios. I. Lindoso, Felipe José. II. Título.

16-30744   CDD: 658.314
                                  CDU: 658.310.42

Texto revisado segundo o novo Acordo Ortográfico da Língua Portuguesa.

Título original:
What Your Boss Really Wants from You
Copyright © 2014 by Steve Arneson
Copyright da tradução © 2016 by Editora Best Seller Ltda.

Publicado mediante acordo com Berrett-Koehler Publishers, San Francisco.

Capa: Gabinete de Artes
Editoração eletrônica: Abreu's System

Todos os direitos reservados. Proibida a reprodução,
no todo ou em parte, sem autorização prévia por escrito da editora,
sejam quais forem os meios empregados.

Direitos exclusivos de publicação em língua portuguesa para o Brasil
adquiridos pela
EDITORA BEST SELLER LTDA.
Rua Argentina, 171, parte, São Cristóvão
Rio de Janeiro, RJ – 20921-380
que se reserva a propriedade literária desta tradução

Impresso no Brasil

ISBN 978-85-7684-975-9

Seja um leitor preferencial Record.
Cadastre-se e receba informações sobre nossos
lançamentos e nossas promoções.

Atendimento e venda direta ao leitor:
mdireto@record.com.br ou (21) 2585-2002

*Para todos os meus melhores chefes —
Obrigado pela integridade e honestidade.*

Sumário

Introdução   9

PASSO 1   Estude seu chefe   15

❶ Quando e como seu chefe é mais facilmente abordável?   21
❷ Qual é o estilo de gerenciamento de seu chefe?   26
❸ Que tipos de comportamentos seu chefe recompensa?   32
❹ O que seu chefe tenta alcançar em seu papel?   36
❺ Com que seu chefe se preocupa?   40
❻ Qual é a reputação de seu chefe na empresa?   43
❼ Quem seu chefe respeita?   47
❽ Onde seu chefe tem influência?   51
❾ Como é o relacionamento de seu chefe com o chefe dele?   55
❿ Qual é a motivação primária de seu chefe?   59

PASSO 2   Considere como sua chefe vê você   63

⓫ O que sua chefe valoriza em você?   65
⓬ O quão vital você é para a missão de sua chefe?   71
⓭ Em que sua chefe acha que você pode melhorar?   75
⓮ Como sua chefe apresenta você para outros?   79
⓯ Como é a história entre você e sua chefe?   83

PASSO 3 Assuma responsabilidade pelo relacionamento 88

Tudo começa com atitude	88
Modifique sua história	91
Comunique sua história nova	94
Mude seus comportamentos	98
Escreva um plano de desenvolvimento	102
Cenários comuns de motivação/chefes	105

Posfácio 116

Recursos:

As 15 perguntas para refletir	119
Exercícios de reflexão	121

Agradecimentos 125

Introdução

Como coach de executivos, trabalhei com centenas de pessoas em todos os tipos de organizações, guiando-as por uma jornada de desenvolvimento profissional. É um processo fascinante, que tem o potencial de mudar suas vidas no trabalho. Cada pessoa tem sua própria história, é claro — uma narrativa singular que inclui suas habilidades, sua experiência, seus pontos fortes, suas fraquezas e seus relacionamentos. No entanto, embora cada trabalho seja diferente, todas essas pessoas têm uma coisa em comum: seus chefes sempre desempenham um papel central na história. Por essa razão minha primeira pergunta de coaching é: "O que seu chefe realmente quer de você?" É aí que começa o processo de reflexão, porque determinar o que o chefe quer é essencial para ser bem-sucedido em qualquer trabalho.

Ora, alguns de meus clientes têm ótimos chefes, assim, discutimos brevemente o relacionamento entre os dois e avançamos para as oportunidades de desenvolvimento. Grandes chefes possuem muitas qualidades maravilhosas, inclusive um quadro claro do que querem de você. Esperam que você: 1) tenha forte ética de trabalho, 2) demonstre uma atitude positiva, 3) trabalhe bem em equipe, 4) gere ideias inovadoras e 5) atinja resultados excepcionais. Os melhores chefes expressam suas expectativas nessas e em outras áreas com clareza. Também desejam o melhor para você: querem vê-lo crescer, se desenvolver e ter sucesso.

Entretanto, muitos dos meus clientes não trabalham para um grande chefe. Eles não compreendem o que seus chefes realmente querem. Não sabem quais são suas expectativas. Não sabem o que os chefes pensam deles, e todas essas incertezas impactam seu comprometimento, seu desempenho e sua felicidade. Nesses casos, passamos tanto tempo falando sobre os chefes quanto discutindo suas oportunidades específicas de melhoria. Na verdade, para alguns de meus clientes, a "questão do chefe" é a única conversa que realmente importa.

Motivações ocultas

Serei claro: não se trata de essas pessoas não terem concordância sobre objetivos. Em todos os casos, há metas formais de desempenho que foram aprovadas pelo chefe. Falo sobre as expectativas desconhecidas, aqueles objetivos ocultos que podem pautar o comportamento do chefe e as verdadeiras razões por trás de sua agenda. Reconheçamos, alguns chefes têm motivações ulteriores, e certamente não irão compartilhá-las com você. Você sabe a verdadeira razão de ele aprovar um projeto e rejeitar outro? Por que ele permite que você interaja com alguns funcionários importantes e não com outros? Por que ele nunca deixa você fazer uma apresentação para o gerente dele? Seu chefe pode ter motivos que não têm nada a ver com ajudar você a alcançar seus objetivos. Mas nem todo chefe é assim, obviamente. Muitos são perfeitamente transparentes e deixam claras suas intenções. Alguns têm motivos que não se alinham com os seus interesses, no entanto, o que pode provocar muitas noites insones.

Um relacionamento necessário

Há boas razões para essa ansiedade, é claro. Seu chefe é a pessoa mais importante da sua vida de trabalho. Tem o poder de contratar e demitir, empoderar ou microgerenciar. É ele quem determina (em grande parte) como você será reconhecido e recompensado. Ele controla se você será promovido ou não, e o que a administração superior pensa sobre você. Bem, em um mundo perfeito, todos os chefes seriam gerentes talentosos; todos teriam motivos puros para ajudá-lo a crescer, se desenvolver e apresentar grandes resultados. Mas o fato é que nem todos os gerentes funcionam dessa maneira. É por isso que você precisa saber o que motiva o seu chefe. Se não compreender por que seu chefe faz o que faz, ou o que ele realmente espera de você, é provável que fique frustrado, preocupado e desmotivado; certamente não estará fazendo o melhor que pode no trabalho.

A solução inesperada

Gostaria que houvesse uma solução fácil para esse problema. Voltemos aos meus clientes que estão tendo dificuldades com seus chefes. A primeira coisa que querem saber é: "Como posso mudar meu chefe?" Sabe o que lhes digo? Esqueça a ideia de querer mudá-lo. Isso mesmo, a verdade cruel é que todos os seus esforços para melhorar, corrigir ou converter seu chefe não funcionarão. O segredo é mudar sua própria abordagem na interação com ele. A "correção" é adaptar o seu estilo para fazer o relacionamento funcionar. A transformação deve ser processada em sua percepção, sua atitude e seu comportamento. Isso nem sempre é fácil, mas é o único caminho que poderá colocar você em um lugar melhor junto a seu chefe.

O que você não pode é continuar bancando a vítima. Já vi muitas pessoas caírem no "modo vítima" quando se trata do chefe: tudo é culpa dele. Essas pessoas criam uma narrativa sobre o chefe que se encaixa na visão que elas têm do mundo, o que geralmente não reflete a realidade. Você anda fazendo isso? Está vivendo uma história que não lhe permite melhorar o relacionamento? Nesse caso, meu objetivo é ajudá-lo a enxergar seu chefe de modo mais objetivo, mudar a sua história, demonstrar novos comportamentos e assumir o controle do relacionamento.

Como usar este livro

Este é um livro sobre insights. Especificamente, sobre como transformar insights em autoconhecimento e mudança de hábitos. O processo aqui descrito vai ajudá-lo a compreender melhor as atitudes do seu chefe e proporcionar um roteiro que ajustará sua própria atitude e seu comportamento para que eles se enquadrem nas motivações reais do seu chefe. O livro está dividido em três partes, e começa pedindo a você que *Estude seu chefe*. O primeiro passo para trabalhar de modo mais eficaz com seu chefe é conseguir uma compreensão sobre o que conduz seu comportamento — desenvolver uma imagem clara sobre seu estilo de trabalho, tipo de liderança e motivações. Em seguida, *Considere como sua chefe vê você*. Aqui é necessário desenhar um quadro preciso de como você é percebido pela chefe. Estudá-la é importante, mas você também precisa tentar se enxergar pela perspectiva dela. Por fim, *Assuma a responsabilidade pelo relacionamento*. Essa é a verdadeira chave para aperfeiçoar sua vida profissional: ser responsável pelo relacionamento com o chefe. As primeiras duas partes tratam de como se tornar mais consciente; essa seção é sobre como transformar esses insights em ações. Aqui você encontrará sugestões práticas para mudar sua história, dicas para interagir de modo mais eficiente com seu chefe e conselhos sobre como recolocar o relacionamento nos trilhos. Todos esses exemplos são reais e pretendem ilustrar cenários que você pode estar vivendo agora mesmo. Quer você trabalhe em uma empresa pequena (em que o chefe talvez seja o fundador), ou em uma grande corporação, no governo, ou em uma instituição educacional, acredito que esses exemplos encontrarão ressonância em você.

Finalmente, duas observações sobre o objetivo e a estrutura do livro: primeiro, mesmo que esse processo tenha sido elaborado para você, acredito que os chefes também possam conseguir valiosos insights sobre as questões. Os ajustes na atitude e nos hábitos não têm que ser unilaterais. De modo que, se você também for chefe, use este livro para deixar mais transparentes suas motivações e ações; sua equipe irá apreciar o esforço. Segundo, a maioria de nós já trabalhou com gerentes de ambos os sexos. Para simplificar, me refiro ao chefe como sendo do gênero masculino na Parte 1, feminino na Parte 2, e uso os dois denominativos na Parte 3. Entretanto, todas as questões e sugestões do livro aplicam-se igualmente a gerentes homens e mulheres.

Espero que você trabalhe para um grande chefe. Mas, mesmo que seja este o caso, pode haver coisas sobre ele que você não compreende; este processo permitirá que você tenha parcerias de trabalho ainda mais fortes. Entretanto, se você está tendo problemas com seu chefe, isso pode se dever ao fato de você não ter descoberto o que realmente o motiva. Pode ainda não ter percebido o que ele *realmente* deseja e, portanto, o que ele deseja de você. Mais importante, você não assumiu o compromisso de mudar sua própria atitude e comportamento para alinhar melhor com o estilo dele. Se esse for o caso, acredito que este livro poderá lhe ajudar. Espero que ache esse processo útil para criar uma experiência de trabalho mais significativa, produtiva e agradável.

Steve Arneson
Boulder, Colorado

Passo 1

Estude seu chefe

Seu chefe é o personagem central de sua vida profissional. Não importa há quanto tempo você trabalha, aposto que pode nomear todos os chefes que já teve — a marca que eles deixam é forte assim. Lembramos de nossos chefes porque eles têm significativo impacto no conjunto de nossa experiência de trabalho. Há muito tempo esqueci os detalhes do meu primeiro emprego de meio-período (que foi há décadas), mas jamais me esquecerei do Sr. Peterson, meu primeiro chefe. O Sr. Peterson era um capataz, mas era justo e o apoiava se você estivesse disposto a trabalhar duro. Aprendi muito com ele, a maior parte para além de como fazer o trabalho. Ele me ensinou o significado da ética de trabalho, da dedicação e da responsabilidade.

Imagino que você também tenha um monte de histórias sobre chefes. Aposto, também, que é capaz de me dizer como cada um deles fazia você se sentir — se gostava de trabalhar para eles ou se mal podia esperar para dar no pé. Se você adorava ir para o trabalho ou detestava as manhãs das segundas-feiras. Chefes são assim, ao que parece: ou você os ama ou os odeia.

Quantos chefes você terá em sua carreira? Dado o fato de que a média de permanência de emprego nos Estados Unidos é de 4,1 anos (segundo o Bureau of Labor Statistics), é provável que você tenha pelo menos 15 a 20 chefes antes de se aposentar. Quais são as chances de todos serem grandes gerentes? Quantos deles levarão em conta os seus interesses? Quantos estarão focados em seu crescimento e desenvolvimento? Quantos ficarão confortáveis com você na posição de estrela? O fato é que, quase certamente, em sua carreira você irá trabalhar tanto para chefes bons quanto para ruins... O modo como você se adapta a esses diferentes chefes tem tudo a ver com sua satisfação no emprego.

Melhor chefe/pior chefe

Um dos exercícios que faço com o público líder de corporações consiste em fazê-los compartilhar histórias sobre seus "melhores" e "piores" chefes. O auditório fica cheio de energia quando falam sobre seus gerentes favoritos; todos têm histórias sobre seus melhores chefes ajudando-os a avançar em suas carreiras. No entanto, a plateia fica bem mais silenciosa quando contam as histórias de seus piores chefes. Algumas pessoas preferem até mesmo não se lembrar dessas pessoas. Mas isso é o que há de fascinante nesse exercício: quase todos têm histórias para contar, tanto sobre o chefe bom quanto sobre o chefe ruim; todos já tiveram ambas as experiências.

As histórias sobre o "melhor chefe" possuem muitos temas em comum: boa direção, empoderamento, feedback, reconhecimento, uma relação de aprendiz e mentor e muitas oportunidades de crescimento e desenvolvimento. Sobretudo, há uma percepção clara sobre tudo que envolve o chefe: as pessoas entendem por que eles querem o que querem e sabem os motivos de fazerem o que fazem. Tudo é transparente, lógico e compreendido; resumindo, existe sempre um relacionamento sólido por trás das histórias sobre os melhores chefes. Eles se importam com você também como indivíduo.

Os contos sobre o "pior chefe" são completamente diferentes. São histórias repletas de delegação mal pensada, falta de autonomia, nenhum reconhecimento ou feedback, nada de coaching ou tutorial e, muitas vezes, até mesmo comportamentos dissimulados. Para piorar as coisas, os piores chefes são difíceis de interpretar; nunca se sabe de fato a razão de seus atos. Quando se trabalha para um desses chefes, as pessoas se sentem confusas e frustradas boa parte do tempo; não existe um relacionamento forte, nem mesmo a possibilidade de construí-lo. Chefes ruins tendem a não se importar com você como pessoa.

Qual é a razão de alguns chefes se importarem com você e outros, não? Por que alguns chefes são francos e transparentes, enquanto outros são fechados ou maliciosos? Por que alguns chefes são confiantes e nada egocêntricos, enquanto outros são inseguros? Acho que tudo isso tem a ver com suas motivações pessoais. Tudo que seu chefe faz (ou deixa de fazer) tem origem nas crenças ou nos valores dele, que produzem conjuntos distintos de motivações. Você quer ter um relacionamento melhor com seu chefe? Comece buscando compreender o que motiva seu comportamento.

Compreendendo as motivações do seu chefe

Parafraseando a frase de Tolstói sobre famílias, podemos dizer que todos os bons chefes se parecem uns com os outros, mas cada chefe ruim é diferente à sua maneira. A essência deste livro diz respeito a esse ponto em particular — se você estiver com muita dificuldade para se dar bem com seu chefe, tem que descobrir as motivações particulares dele. Acredito que todo comportamento tem origem em uma motivação específica — que até mesmo as ações dos chefes ruins têm alguma razão. O problema é que as motivações dos chefes ruins são frequentemente equivocadas ou egocêntricas. Se ele não permite que você se encontre com o chefe dele, por exemplo, existe uma razão para isso... e para de fato entender essa razão você tem que compreender suas motivações.

Não há dúvida que nossos motivos pessoais governam nossas ações. Alguns são motivados por dinheiro, outros anseiam por reconhecimento. Alguns desejam simplesmente fazer um bom trabalho; outros querem tomar a dianteira a qualquer custo. Há os que desejam ser amados por todos e outros que não querem nem saber de fazer amigos no trabalho. Alguns temem cometer um erro; outros ficam mais à vontade com decisões arriscadas. Todos somos motivados por alguma coisa... e isso inclui o seu chefe.

Gostaria de poder dizer exatamente o que seu chefe quer de você. Mas não sou parte desse relacionamento, você é. Sendo assim, o trabalho tem que ser seu... Você tem que estudar o comportamento dele para compreender suas verdadeiras motivações. A chave para trabalhar confortavelmente com seu chefe é descobrir o que conduz os pensamentos e as ações dele.

Estude seu chefe

Se seu chefe for um mistério para você, o que você precisa é de insight. Insight é a compreensão das forças motivacionais por trás das ações, pensamentos ou comportamentos de alguém. Essa definição descreve perfeitamente o que tento ajudar as pessoas a conseguirem através do meu coaching — uma visão clara do que conduz o comportamento dos chefes. Fazemos isso através de um processo que chamo de "estudar seu chefe".

Descobri que as pessoas que têm dificuldades com seus chefes, de modo geral, não fizeram o dever de casa: não estudaram rigorosamente o comportamento de seu gerente para descobrir suas motivações básicas. Sentem o resultado do comportamento do chefe, mas não compreendem o que o provoca. Ficam frustrados com suas interações com o chefe, mas não sabem o que fazer nesses casos. Quando trabalho com pessoas que se enquadram nessa descrição, faço uma série de perguntas para ajudá-las a ter o insight necessário para ajustar o relacionamento com o chefe.

Esse processo de estudar seu chefe envolve dez questões. Cada uma foi elaborada para que você tenha consciência dos comportamentos ou do pensamento dele. As respostas podem ser obtidas perguntando diretamente ao chefe, conversando com seus colegas, ou simplesmente prestando maior atenção ao seu ambiente de trabalho. Seja como for, os insights deixarão muito mais claras as motivações subjacentes que conduzem as ações de seu chefe. Nesse momento, quero apenas que você considere as perguntas de modo meticuloso e as responda da melhor maneira possível. Experimente os exercícios de escrita e reflita sobre o que aprendeu. Mais adiante, na Parte 3, darei sugestões para que você se adapte às várias motivações. Aqui estão as perguntas:

Estude seu chefe

Estilo de gerenciamento

1 Quando e como seu chefe é mais facilmente abordável?
2 Qual é o estilo de gerenciamento de seu chefe?
3 Que tipos de comportamento seu chefe recompensa?

Missão e prioridades

4 O que seu chefe tenta alcançar em seu papel?
5 Com que seu chefe se preocupa?

Tipo de liderança

6 Qual é a reputação de seu chefe na empresa?

Relacionamentos

7 Quem seu chefe respeita?
8 Onde seu chefe tem influência?
9 Como é o relacionamento de seu chefe com o chefe dele?

Motivação primária

10 Qual é a motivação primária de seu chefe?

À medida que formos refletindo sobre cada uma dessas perguntas, escreva seus pensamentos ou observações sobre cada uma delas e busque encontrar sinais ou indicadores que não tenha notado antes. Pergunte a colegas de confiança suas opiniões, e preste atenção aos humores de seu chefe, à sua linguagem corporal, suas palavras e ações. Considerando cuidadosamente cada pergunta, você irá desenvolver uma série de insights que o ajudarão a entender o comportamento dele.

❶ Quando e como seu chefe é mais facilmente abordável?

Parece uma pergunta simples, não é? No entanto, pode-se ter um bom insight ao estudar quando e como abordar seu chefe. Como todo gerente, ele tem um estilo particular de interagir com sua equipe. Alguns chefes são informais, pode-se falar com eles a qualquer momento, em qualquer lugar. Outros são mais rígidos e orientados pelo processo. A chave é decifrar o seu estilo preferido de interação. Por exemplo, você pode bater à porta e conseguir um minuto do tempo dele? Ele alguma vez comentou sobre você aparecer assim em sua sala? Se não, pergunte a ele de modo direto: "Você se incomoda que eu passe no seu escritório com uma questão rápida? Caso não haja problema, qual seria o melhor momento do dia?" Se isso não funcionar, pergunte a um de seus colegas ou simplesmente preste atenção ao padrão que você considera ter sido o mais bem-sucedido. Uma vez trabalhei para um chefe que literalmente não permitia o pedido de "Você tem um minuto?". Era preciso agendar um horário com ele para fazer uma simples pergunta. Acredite, perdi muito tempo e energia antes de perceber isso, e começava a me preocupar, achando que ele não gostava de mim. Mas, na verdade, não tinha nada a ver comigo. Ele apenas preferia ler sobre o assunto e estar preparado para qualquer discussão, não se sentia confortável para tomar decisões em conversas informais (esse insight, por si só, explicou muita coisa sobre esse chefe).

No mundo de hoje, compreender o melhor modo de abordagem significa saber também quando telefonar, mandar mensagem de texto ou e-mail. Os mesmos princípios se aplicam — quando ele é mais facilmente acessível, e quais são suas preferências? Alguns chefes preferem e-mail em vez de telefone; outros preferem conversar pessoalmente. Alguns chefes mandam mensagem de texto, outros, não. Alguns são acessíveis quando estão fora do escritório, outros, não. Você entendeu o conceito. Trata-se de saber quando e como. Mas também por quê.

Entender por que é o que ajuda você a compreender seu comportamento. Recentemente fui coach de Tanya, que vivia uma enorme desconexão com seu chefe. Ela insistia em tentar ligar diretamente para ele, e o chefe sempre recusava a chamada; o assistente do chefe simplesmente dizia: "Mande um e-mail para ele." E, claro, sempre que Tanya fazia isso, recebia rapidamente uma atenciosa resposta. É estranho, sei disso. Não seria mais rápido simplesmente conversar pelo telefone? É claro, o chefe jamais explicou seus motivos, o que deixava Tanya enlouquecida, convencida de que o chefe achava seu desempenho ruim. Agora, depois de receber o feedback do meu trabalho, soube que o chefe queria um registro escrito de todas as interações. Ele não gostava de usar o telefone nem para a mais rápida das conversas, porque isso não permitia criar um rastro de detalhes ou evidências. Seria o chefe uma pessoa antissocial? Provavelmente. Mas a verdadeira motivação por trás de seu estilo de interação não tinha nada a ver com isso; era, na verdade, baseado em uma razão mais prática (e, alguns diriam, paranoica). É um exemplo perfeito do valor de cavar a fundo para compreender as razões por trás do comportamento de seu chefe. O "por quê" nem sempre é o que parece e, na maioria das vezes, não tem a ver com você pessoalmente.

A segunda coisa que você precisa estudar é o seu padrão de temperamento. O que deixa seu chefe de bom humor ou, ao contrário, com um humor adverso? Qual é o dia da semana em que ele é mais acessível? Quando é preciso deixá-lo em paz? Ele fica estressado logo antes de uma reunião com o chefe dele? Será que certos acontecimentos ou prazos impactam sua acessibilidade? Experimente este exercício: durante um mês, faça anotações diárias sobre seu humor. Dê um nome ao humor (irritado, triste, feliz etc.) e anote o quão acessível ele estava naquele dia. Depois, estude as anotações para encontrar os padrões de seu chefe e poder usar essa informação a seu favor.

Terceiro, o quanto você pode discordar do seu chefe em reuniões de grupo? Qual estilo de interação funciona melhor? Ele é aberto a uma discussão profunda? A maioria dos gerentes convoca reuniões de trabalho com seus subordinados imediatos, e existem regras não escritas sobre desafiar as ideias do chefe, por quanto tempo se deve discutir um tema diante da equipe etc. Você conhece os limites do seu chefe? Alguma vez já cruzou essa linha?

Muitos chefes resistem muito à ideia de alguém discordar deles em público, e pode levar algum tempo até se aprender isso. Um de meus clientes, Craig, começou a ficar frustrado nas reuniões de equipe porque ninguém desafiava as ideias do chefe. Craig repetidamente tentava argumentar contra o chefe (respeitosamente), mas tornava as coisas pior para ele mesmo, pois o chefe não tolerava nem apreciava esse estilo de interação. Craig aprendeu a discutir esses assuntos fora de reunião, mas foi necessária muita reflexão para reconhecer os motivos do chefe e fazer essa mudança em sua abordagem. O truque é prestar atenção nos pequenos sinais, caso você esteja em uma conversa pública e não produtiva com seu chefe. Como ele reage ao que você diz? Estude a linguagem corporal e o tom de voz dele. Se você estiver deixando seu chefe irritado, encontre um modo educado de sair da conversa.

Finalmente, é preciso saber quais assuntos são permitidos e quais são considerados inapropriados pelo seu chefe. Quais tópicos ou questões você pode levantar e o que você deve deixar de lado? Existem algumas questões que não devem ser tratadas com ele, e se você tentar, de qualquer modo ele não vai falar do assunto. Durante anos tentei fazer com que um chefe falasse sobre sua vida fora do trabalho. Não consegui. Sou uma pessoa muito aberta, então achei estranho — por que ele não queria compartilhar o que havia feito no fim de semana? Aquilo realmente estava me incomodando. Ele conversava sobre esportes ou sobre assuntos atuais, mas nada sobre seus hobbies ou sobre sua família. Finalmente, percebi que não conseguiria derrubar essa parede e parei de perguntar. Aceitei que não iria mudá-lo. Se ele queria manter certas coisas privadas, era escolha dele. Ele não tinha que ser como eu. E sabe o que aconteceu? Quando parei de me preocupar com isso, nosso relacionamento melhorou.

A moral da história é que é preciso refletir sobre como se aproximar de seu chefe. Ele quer que você se encaixe em seu padrão de interação, não que crie novos. Cada vez que você o forçar para fora de sua zona de conforto, você aumenta a chance de aborrecê-lo. Quantas pequenas irritações você está disposto a acrescentar à sua conta? O caminho mais fácil é se adaptar ao estilo dele, aprendendo quando e como ele é mais acessível. A partir daí, descubra a racionalização do chefe para suas preferências, de modo a compreender a origem delas. Pode haver uma razão subjacente (ainda que repleta de manias) que não tem nada a ver com você. Você pode não gostar, mas pelo menos irá compreender.

INSIGHTS

Acessibilidade
- *Reconheça quando e como ele é mais acessível.*
- *Determine como interagir com ele em reuniões de grupo.*
- *Saiba o que ele irá ou não discutir com você.*

Combine todo esse conhecimento para determinar o melhor plano de interação.

❷ Qual é o estilo de gerenciamento de seu chefe?

Todo chefe tem sua própria cadência e seu ritmo quando se trata de fazer o serviço andar. Sua tarefa é descobrir quais são e se adaptar a eles. Por exemplo, seu chefe gosta de planos de trabalho detalhados? Busca muitas informações antes de tomar uma decisão? Gosta de colocar a mão na massa quando desenvolve uma apresentação para seus colegas e seu próprio chefe? Gosta de trabalhar somente com você nas tarefas que são responsabilidade sua, ou trabalha com o grupo, como um todo? Em resumo, qual é o padrão previsível do começo ao final de um projeto? Como ele gerencia o trabalho no dia a dia do seu departamento?

Pela minha experiência, chefes têm um estilo preferido para pelo menos três tarefas básicas de trabalho. Primeiro, seguirão um processo estabelecido para gerar ideias. Alguns chefes preferem sessões de brainstorming; outros fazem sua própria lista de ideias e depois testam sua reação. Alguns chefes não se envolvem muito nessa fase: simplesmente querem ouvir as ideias e depois aprovar o rumo de ação final. Você sabe como seu chefe gosta de gerar e aprovar ideias, e por que motivos? Faça uma lista de suas ideias recentes e de como seu chefe reagiu a cada uma. Esse insight lhe dirá muitas coisas sobre ele — o quanto ele quer se envolver nessa primeira etapa do processo?

Muito provavelmente, ele quer se envolver apenas na solução de certos problemas, e não se importa com outros. Essa é a proverbial questão sobre "ir a fundo": o quão fundo ele irá nesse processo e por quê? Essa é uma das queixas mais comuns que escuto de clientes: não sabem a razão pela qual seu chefe "vai fundo" em alguns tópicos, mas não em outros. Frequentemente parece não haver um padrão definido. É difícil prever que tópico irá fazer que ele se engaje totalmente. Muitas vezes, parece não haver um padrão comportamental. É difícil prever quais assuntos vão atrair mais intensamente a atenção dele. Posso lhe assegurar de que não é aleatório: existe uma razão pela qual alguns assuntos ganham sua atenção completa e outros, não. Na maioria dos casos, tem a ver com ego ou reputação. O "ir fundo" de seu chefe é, geralmente, motivado pela sensação de que a solução proposta por ele é a melhor, ou por não desejar ficar por fora dos detalhes de um projeto importante.

O segundo processo de gerenciamento que deve ser estudado é a preferência do seu chefe na elaboração de uma apresentação. Se uma ideia, proposta ou recomendação necessita ser embalada como uma história, ele terá um método estabelecido para supervisionar esse processo. Você reconhece todas as etapas desse fluxo de trabalho? Pode articular cada um deles, passo a passo? Meu palpite é de que seu chefe gosta de construir o modelo de forma previsível. Seu trabalho é prestar atenção a essa preferência de modo que possa participar do processo da maneira mais eficiente possível

Mary está enfrentando dificuldades em relação a isso. Está frustrada com o processo iterativo do chefe de criar uma apresentação. Eles passam por múltiplos esboços antes de chegar a uma versão final. Essas iterações mudam apenas ligeiramente de um esboço para outro, e o chefe se envolve muito na revisão de cada um. Mary gostaria de criar uma versão final sem todas as reuniões de revisão com o chefe. Quando perguntei por que seu chefe preferia trabalhar desse modo, ela respondeu: "Por que ele não confia em mim para desenvolver a história sozinha." Encorajei Mary a verificar essa impressão com seus colegas, e o que ela ouviu de volta a surpreendeu. Eles disseram que o chefe gostava de checar com a equipe todas as ações recomendadas, e que usava esse processo iterativo para socializar a proposta, desse modo assegurando maior chance de sucesso. Não era que o chefe não confiasse nela. Era simplesmente seu processo preferido para desenvolver uma recomendação sólida. Se seu chefe gosta de trabalhar com você nas grandes apresentações e, também, de fazer evoluir a história no decorrer do tempo, pense na razão pela qual ele faz isso. Pode não ter nada a ver com você.

A maior área na qual você irá descobrir o estilo de gerenciamento preferido de seu chefe é a da execução cotidiana dos projetos. Depois de a solução ter sido gerada e socializada, os produtos ou serviços precisam ser implementados. A maioria dos chefes tem opiniões distintas sobre a execução e também quer se envolver no processo. Alguns gostam de gerenciar de perto o trabalho, com muitas reuniões de atualização. Outros evitam os detalhes, focando, em vez disso, no resultado geral e na reação dos clientes. Como ele gosta de se engajar durante a execução? Mais uma vez, escreva sobre as preferências deles diante de cenários diversos. Alguns chefes gostam de ler relatórios; outros gostam de ser informados periodicamente. Alguns desejam que essas apresentações sejam feitas em reuniões de equipe, enquanto outros programam sessões individuais.

Conheça o estilo preferencial de gerenciamento do seu chefe para se manter atualizado, pense na razão pela qual ele adota esse estilo e adapte-se a ele. Não gaste energia tentando mudar o estilo dele para se adequar ao seu: se ele gostar de atualizações com muitos dados, prepare-se para isso. Se quiser o contexto com muitos detalhes, proporcione isso. Se você sabe que ele favorece certas medições, destaque-as. E, acima de tudo, seja calmo e flexível, porque esse é o estilo de seu chefe de gerenciar o trabalho e você não irá modificar isso radicalmente.

Quando o estilo do chefe não se encaixa

Quando comecei o coaching de Melanie, fiquei surpreso com o retorno que consegui das pessoas envolvidas com ela. Os subordinados diretos a adoravam, seus colegas a admiravam e os clientes valorizavam seus resultados. Então, qual era a razão de ela necessitar de coaching? Era porque o chefe acreditava que ela tinha de mudar sua abordagem ao navegar a organização. O estilo de Melanie era de experimentar ideias, ser audaciosa e inovadora. Era aberta e não temia empurrar a companhia para novos territórios. O chefe dela tinha um estilo diferente. De fato, quando o entrevistei, ele falou que Melanie precisava ser mais como ele. Especificamente, ele pensava que o modo para "sobreviver" na companhia era manter a cabeça baixa, ser deferente diante da equipe superior e evitar riscos. Refletindo esse retorno, Melanie pôde perceber de onde vinha o conselho de seu chefe sobre a carreira, a perspectiva de que "meu modo é o único certo". No final das contas, Melanie preferiu manter o estilo que funcionava para ela. Mas mudou a abordagem com seu chefe. Preferiu desafiar respeitosamente seu ponto de vista, em vez de simplesmente ignorá-lo. Primeiro, compartilhou com ele o retorno que recebia, para que ele percebesse como o resto da organização a enxergava. Segundo, começou a oferecer pontos de vista diferentes sempre que ele oferecia conselhos sobre a carreira (discutindo o conselho como apenas um modo de ver o mundo). Finalmente, informou a ele que iria trabalhar com um dos membros mais velhos da equipe em um relacionamento de mentor/pupila. Melanie não pôde modificar o estilo do chefe, nem sua visão de vida, mas mudou a forma como isso a impactava.

Para finalizar, grande parte dessas situações comuns de gerenciamento envolve a tomada de decisões.

Você sabe qual é o processo de tomada de decisão do seu chefe? Ele gosta de ter muita informação ou toma decisões a partir de sua experiência? Toma decisões rapidamente, ou deixa os casos arrastados? Faz muitas perguntas antes de tomar uma decisão? Realmente não há desculpas para não notar os padrões consistentes do estilo do processo decisório do chefe. O truque aqui é estudar suas decisões anteriores para determinar o que será exigido no assunto corrente. Se for uma decisão que tenha impacto apenas em seu grupo, talvez você só tenha que apresentar um caso convincente. Mas se a decisão tiver um impacto mais amplo na empresa, esteja consciente de que ela será influenciada por muito mais do que os dados de apoio. O relacionamento com os colegas, a situação atual com o chefe dele e seus registros recentes de tomada de decisões corretas, tudo isso entra em jogo. A maioria de suas decisões não será sim ou não. Ao contrário, será altamente dependente das tendências correntes na organização. Procure conhecer o contexto mais amplo para entender a decisão final.

Com o transcorrer do tempo, seu chefe terá estabelecido um padrão rotineiro profundo em sua forma de gerenciamento. O comportamento está ali para ser observado: você só precisa olhar mais a fundo para compreender por que ele faz o que faz. Da ideia à execução, como ele quer se envolver? Como quer ser atualizado? Como e por que toma decisões? Observe o comportamento e considere a situação, e você começará a reconhecer os padrões. Quando puder prever o *que* e o *por quê*, cabe a você se ajustar corretamente ao estilo dele.

INSIGHTS

Estilo de gerenciamento

- *Saiba como seu chefe deseja se envolver na fase de ideias.*
- *Esteja atento sobre o estilo de envolvimento dele durante a execução.*
- *Conheça seu processo de tomada de decisão.*

Opere dentro do estilo de trabalho preferido por seu chefe.

❸ Que tipos de comportamentos seu chefe recompensa?

Tal como qualquer pessoa, seu chefe valoriza alguns comportamentos mais do que outros. Quando se trata do seu estilo de trabalho, você sabe do que ele gosta e do que não gosta? Essa percepção é crucial para estabelecer um bom relacionamento de trabalho. Obviamente, se você anda fazendo coisas que o aborrecem, isso não irá criar um alicerce sólido. É preciso que você conheça suas preferências e tente trabalhar dentro dessas fronteiras. Sim, isso pode significar adaptar-se um pouco ao seu estilo, mas se você deseja melhorar o relacionamento, é preciso entender o que ele quer de você, e se ajustar.

Por exemplo, o que ele acha de chegar no horário para as reuniões? É aceitável ligar e pedir mais tempo para cumprir uma tarefa? Ele prefere que você discuta suas ideias com ele ou deixa que você tome decisões? Será que ele quer saber o tempo todo por onde você anda? Prefere que você responda os e-mails de imediato ou lhe concede até o final do dia para isso? O que ele acha de você trabalhar em casa? Faz questão de manter contato quando você sai de férias? O que ele acha da sua área de trabalho?

Podem parecer exemplos triviais, mas já vi cada um deles se transformar em questões sérias. Existem dezenas de preferências do chefe que você deve conhecer, desde as rotinas de apresentação e hábitos em viagens até o comportamento em reuniões e estilo de vestuário. O problema é que nem sempre seu chefe dirá "Isso é importante para mim", e frequentemente, ele espera que você deduza isso. De modo que, se ele se chateia com atrasos, chegue no horário para as reuniões (neste exato momento, é isso que o seu chefe quer de você). Se gosta de respostas imediatas para os e--mails, responda aos dele logo que possível. Se ele lhe diz "Nem pensar no trabalho durante as férias" (mas você sabe que ele realmente não pensa isso), confie em seus instintos e cheque de vez em quando.

Percebo essa "desconexão de preferências" o tempo todo em meu trabalho como coach. Trabalhei com Harriet, que havia combinado começar a trabalhar mais cedo, pela manhã, para que pudesse sair às 16 horas. O chefe concordou com isso, mesmo que o restante da equipe trabalhasse em horário mais tradicional. No entanto, quando estava recolhendo opiniões, o chefe me revelou sua preocupação com o hábito de Harriet sair mais cedo. É um exemplo perfeito de o chefe usar preferências para julgar o desempenho (nesse caso, favorecendo as pessoas que ficavam até mais tarde). As horas de trabalho e a produção eram as mesmas, mas ele tinha dificuldades para superar seus preconceitos. O único recurso para Harriet foi lembrá-lo do acordo que haviam estabelecido e pedir que ele ficasse atento à dedicação dela. Mas ela precisava ficar atenta ao humor do chefe quanto a esse assunto e ser proativa ao falar com ele sobre o horário.

Outro exemplo é o de Robert, cujo chefe insistia em receber cópias dos e-mails que ele enviasse para qualquer vice-presidente (ou cargo superior) na organização. A explicação tinha algo a ver com "alinhamento" ou "clareza de missão", mas a razão subjacente era pura paranoia. O chefe era maníaco por controle e temia ser deixado de fora do circuito. Robert tentou argumentar com o chefe, mas não obteve sucesso. Essa era uma ordem permanente a respeito de e-mails. Robert tinha duas escolhas: achar outra função na empresa, ou aprender a conviver com essa chateação relativamente pequena. Ele escolheu a segunda opção e isso contribuiu para estabelecer sua própria credibilidade junto aos colegas do chefe.

É claro, o outro lado do que ele prefere é o que ele não quer que você faça. Desenvolver um relacionamento próximo com um dos colegas dele muitas vezes é visto com desagrado. Alguns chefes não gostam que você fale com os chefes deles sem que estejam presentes. Outros não querem que você faça perguntas em reuniões coletivas ou que se ofereça como voluntário para trabalho extra para outras áreas da empresa. Alguns chefes não gostam que você vá a eventos da indústria; outros não gostam que você se torne conhecido em sua área. Francamente, existem tantos "não faça isso" quanto "faça isso" no que se refere ao que o seu chefe quer. No final das contas, você tem que aprender as preferências positivas e as negativas, o que ele tende a recompensar e o que ele desaprova, de modo a compreender realmente suas atitudes ou ações. Recomendo que faça uma lista do "fazer" e "não fazer", a ser conferida por um colega de confiança. Não fique preso no dilema de saber se essas preferências estão certas ou erradas, lógicas ou paranoicas. Na maioria dos casos, são pequenas irritações, mas se você as ignorar, podem se transformar em questões maiores para você.

Meu conselho é que estude os resultados, não simplesmente a direção definida. Em outras palavras, confie no que você vê, não no que ele diz. Observe como o chefe recompensa ou pune certos comportamentos e assim aprenderá sobre suas preferências. Preste atenção no que acontece com pessoas que correspondem ou não às preferências dele. Não ignore os sinais claros ou pistas que estejam por aí; o chefe envia diariamente sinais sobre o que deseja de você. Tudo o que você tem que fazer é aumentar seu grau de percepção e reagir de modo que sirva melhor ao seu objetivo geral, que é melhorar o relacionamento.

INSIGHTS

Comportamentos recompensados
- *Aprenda quais comportamentos são aceitáveis para seu chefe.*
- *Saiba que comportamentos são inaceitáveis.*
- *Tenha consciência das consequências de se comportar fora dos limites.*

Mantenha comportamentos que seu chefe considera aceitáveis.

❹ O que seu chefe tenta alcançar em seu papel?

Se seu chefe for minimamente competente, terá objetivos: ele busca alcançar algo realmente importante com seu papel. Isso é bom: você quer que ele tenha uma visão para seu departamento. Se essa visão se alinha com a sua, ótimo. Mas às vezes a missão dele é difícil de interpretar, e então é preciso ir fundo e investigar seu verdadeiro objetivo.

Comece determinando sua visão filosófica sobre sua função ou disciplina. Como ele percebe o assunto? Que especialistas ele respeita e segue? É um tradicionalista ou pretende levar a função rumo a uma nova direção? Avalie como seu chefe percebe sua própria profissão. Quando conhecer o ponto de vista dele, determine de que maneira este se alinha com o seu. Vocês compartilham as mesmas crenças sobre o futuro de seu campo?

Amanda é especialista em desenvolvimento de software, e entra em conflito com seu chefe sobre o modo como deve assumir o desenvolvimento de novos produtos. Para acalmar o ambiente, articulei um encontro entre Amanda e seu chefe, focado exclusivamente em suas visões filosóficas. Levando a conversa para um nível acima, para visões de mundo mais amplas, conseguimos achar alguns pontos de conexão. Quando se trata de interpretar os movimentos feitos por seu chefe, é importante primeiro compreender como ele percebe seu campo; isso explicará muito de suas iniciativas e de seu comportamento.

A segunda coisa que você deve estudar é o mandato dele, tal como você percebe. Dada sua visão filosófica da profissão e os desafios enfrentados por sua organização, o que ele tenta alcançar com seu papel? Qual é sua missão? A maioria dos grandes líderes quer deixar sua marca, fazer algo significativo. Como você articularia seu objetivo principal? Escreva como uma declaração: "Em seu papel, meu chefe está tentando _____."

Tentando acompanhar o CEO

Mark era gerente de vendas em uma start-up, e quando foi promovido era a terceira pessoa a ocupar o posto em 18 meses. Sua avaliação indicava que precisava demonstrar mais presença executiva e espírito de decisão. De fato, a questão mais importante para Mark era que seu chefe, o CEO, era também o fundador. Como esse CEO em algum momento também fora um gerente de vendas de grande sucesso, Mark recebia muita "ajuda" dele. O CEO bombardeava Mark constantemente com ideias, sugestões e mudanças de direção. Admito que, no começo, Mark e eu debatemos como estabelecer uma linha de ação; afinal, como dizer ao CEO/Fundador que parasse de dar sugestões? Depois que articulamos os motivos do CEO (um desejo enorme de dirigir as vendas), desenvolvemos uma estratégia em três frentes: 1) Mark aumentou significativamente suas atualizações para o CEO, em particular sobre suas decisões; 2) adotou uma perspectiva mental de calma, considerando que "era o gerente de vendas, até deixar de ser", um mantra simples que representava a confiança e a presença que ele necessitava mostrar para lidar com o estilo do CEO; 3) insistiu em uma reunião semanal com o CEO com o intuito de priorizar o fluxo e a direção das ideias. Ao permanecer calmo, sendo proativo e forçando a priorização do trabalho, Mark fortaleceu sua posição junto ao chefe, sem mudá-lo, mas assumindo a responsabilidade pelo relacionamento.

Quando você conseguir obter uma resposta, procure validá-la. Force uma compreensão clara do que ele tenta alcançar perguntando: "Como você descreveria o que está tentando fazer em seu cargo?" Essa é a única vez em que recomendo um esclarecimento direto com seu chefe. As chances são de que ele sinta orgulho de sua missão e queira compartilhar isso. Os motivos por trás da missão estarão baseados em sua visão filosófica e os desafios organizacionais correntes, e você deve saber o que essa missão exigirá de você.

Finalmente, você precisa determinar onde pode impactar na direção estratégica. Caso suas visões sejam diferentes das dele, onde e como você pode influenciar e moldar sua visão do mundo? Qual é o melhor método para discutir um curso alternativo de ação? Juan enfrentou esse desafio com seu chefe, que dirigia recursos humanos. Juan era diretor de gerenciamento de talentos, mas não conseguia chegar a um acordo com o chefe a respeito de seu alto potencial de talento. Nesse caso, o chefe não acreditava em dizer aos líderes de alto potencial que eles tinham grande talento: adotava a tática de manter em segredo a lista. Juan mantinha o ponto de vista contrário também de modo enfático: acreditava que os líderes de grande talento deveriam ser informados de que estavam sendo preparados para posições mais altas. Pesquisando as origens desse problema, Juan soube que o chefe havia tido uma experiência ruim em uma empresa anterior ao publicar a lista de pessoas com grande potencial, e relutava em fazer isso novamente. Quando Juan compreendeu a influência desse obstáculo, montou uma demonstração eficaz de como as coisas seriam diferentes na nova organização.

Observar como seu chefe percebe sua profissão é um importante passo para desvendar seu comportamento. Seu chefe irá estabelecer uma rota bem específica quando se trata de desempenhar seu papel. Ele está amarrado a uma visão de mundo particular e imbuído da missão de alcançar um conjunto específico de objetivos. Seu trabalho é estudar os dois aspectos para determinar seu melhor posicionamento nesses planos.

INSIGHTS

Objetivos
- *Conheça as visões filosóficas do seu chefe sobre a função que ele cumpre.*
- *Saiba como ele enxerga a missão de seu cargo.*
- *Determine se existe tolerância para visões diferentes.*

Conheça a percepção de seu chefe sobre a sua função e a missão dele.

❺ Com que seu chefe se preocupa?

Acredite ou não, seu chefe está preocupado com alguma coisa. Não seria humano se não sofresse algum tipo de estresse no trabalho. Você sabe do que se trata? Será com entregas atrasadas nas etapas de um projeto? Ou o relacionamento com seus colegas? Será uma questão de orçamento? Será que está sendo pressionado pelo chefe dele? Posso garantir que alguma coisa está no topo de sua lista de prioridades, e é melhor você saber do que se trata, porque é nisso que ele estará focado no momento.

As prioridades de seu chefe são o sinal mais transparente que você terá sobre o que ele quer de você. A maioria dos chefes é bem claro com relação às suas prioridades, e caso o seu não seja, o que se deve fazer é notar como ele gasta o tempo. Se você não consegue nem conversar dez minutos com ele, provavelmente é porque ele está focado em algo importante. Se você não estiver envolvido com essa prioridade, o que ele quer de você é que o deixe em paz. Insistir para que ele veja sua apresentação e incomodá-lo para que coloque isso em sua agenda só irá aborrecê-lo. Para saber sobre o que ele está preocupado, analise sua programação de entregas. Foque nos objetivos dele, o que prometeu para a organização, seus prazos etc. Quanto mais você souber sobre os compromissos dele, melhor. E repito, se precisar de esclarecimentos, pergunte diretamente a ele.

Em seguida, descubra o que está no topo da lista imediata de tarefas a cumprir do seu chefe. No que ele está mais focado naquela semana? Qual é o prazo? Saiba com antecedência o que (caso houver) ele pode precisar de você para cumprir esses compromissos. Posso lembrar de vários de meus chefes se recolhendo a seus escritórios para enfrentar um prazo apertado ou investindo horas com várias equipes; às vezes eu fazia parte disso, outras vezes, não. Durante esses eventos, o que meu chefe queria de mim era dedicação completa ou independência total. Se eu não fosse parte do que ele estivesse focado naquele momento, minha melhor estratégia era ficar fora do alcance do seu radar. Seja sensível ao que ele estiver envolvido no momento, e se não for da sua área, deixe o espaço bastante livre. É claro que, se você estiver envolvido, ele vai querer você por inteiro até o projeto terminar, com total dedicação e comprometimento.

Esse é um bom conselho se o caso for de entregas e prioridades no trabalho, mas e se ele estiver preocupado com algo mais? Talvez esteja em uma situação complicada com um colega em posição semelhante, ou pode ter feito algo que preocupe o gerente dele (atenção: chefes também cometem erros). Talvez esteja se preparando para despedir alguém e se preocupe com as circunstâncias. Talvez tenha perdido uma batalha importante na equipe superior e esteja preocupado com a perda de seu poder ou, talvez, seja um assunto completamente diferente do trabalho.

O fato é que seu chefe sofre de todo tipo de estresse. Por isso, você precisa estar consciente de sua conduta. Se ele for normalmente acessível, e de repente se tornar retraído e inacessível, há grande chance de que algo esteja mal. Preste atenção no humor dele e em sua linguagem corporal. Observe sua mudança de comportamento: será uma questão relacionada com o trabalho, ou pessoal? É algo sério, ou você já pôde ver quando ele passou rapidamente por uma etapa semelhante? É algo em que possa ajudar, ou é melhor não tocar no assunto?

Scott está passando por isso agora mesmo. Seu chefe se enfiou em uma concha e ninguém consegue descobrir a razão. Normalmente ele é bem ligado à equipe, mas tem passado muito tempo com a porta trancada. Geralmente é o último a ir embora, mas passou a sair às cinco da tarde. Scott perguntou se podia ajudar, mas o chefe não se abriu com ele. Seu comportamento está impactando todo o departamento, mas a essa altura tudo o que Scott pode fazer é continuar a oferecer apoio. Aconselhei Scott a procurar coisas que ele possa fazer e aliviar o chefe, identificando e completando tarefas que ele normalmente teria feito. Mesmo que provavelmente não tenha nem consciência disso, o que o chefe espera nesse momento de Scott é que ele assuma mais coisas enquanto ele processa seus assuntos.

O que quero enfatizar com essa questão é que os chefes também são humanos. As motivações de seu chefe podem envolver assuntos sobre os quais você jamais pensou, como tensão e ansiedade. Muitos chefes fazem coisas loucas quando estão submetidos ao estresse, então você deve prestar atenção às forças externas que podem provocar mudanças no comportamento dele. O assunto que o preocupa (e como está reagindo a isso) pode ser o insight de que você necessita para ajustar sua abordagem ou oferecer uma mãozinha.

INSIGHTS

Entregas
- *Saiba as principais tarefas que ele tem que realizar.*
- *Identifique o que mais preocupa seu chefe.*
- *Reconheça a lista atual de prioridades de seu chefe.*
Sempre saiba quais são as prioridades de seu chefe.

⑥ Qual é a reputação de seu chefe na empresa?

Essa é provavelmente uma questão fácil de ser respondida, pois se trata principalmente de um exercício de observação. Confie em seus olhos e ouvidos para extrair os insights que precisa sobre a reputação de seu chefe dentro da organização. Comece com os básicos: as pessoas se sentem confortáveis perto dele? Observe a linguagem corporal nas reuniões. O diálogo é fácil ou as pessoas têm medo dele? Perceba como ele administra o tempo. Permanece em seu escritório ou está fora, se reunindo com grupos diferentes? Preste atenção em como ele fala sobre outras pessoas e em como os outros falam dele. Há algum traço de respeito mútuo? Estude as conversas nas quais ele participa, veja se ele está sendo incluído nas grandes decisões. Preste atenção no que outras pessoas dizem para *você* sobre ele: elas têm inveja ou sentem pena de você?

O fato é que seu chefe tem uma marca de liderança, e ela é bem conhecida na organização. Sua marca é o que as outras pessoas pensam sobre ele ou como o descrevem. Essencialmente, trata-se de sua reputação na companhia. Então, de que maneira ele é percebido? É considerado estratégico, criativo ou flexível? É percebido como tático, não inspirador e teimoso? As pessoas confiam nele? É visto como um líder na organização? Suas competências técnicas são bem respeitadas? E o que se diz sobre suas habilidades de gerenciar pessoas? O que as pessoas pensam de sua formação e qualificação para o papel? O que acham dos seus resultados? As ações dele sobem ou descem dentro da organização?

Quando estiver avaliando sua marca de liderança, tente visualizar um retrato honesto e preciso. Pelos meus anos de experiência como coach de executivos, sei que as marcas de liderança são geralmente descritas em cinco ou seis características. Isso é tudo o que é preciso para definir uma reputação. Por exemplo, Serena recebeu o seguinte retorno sobre sua marca: estratégica, orientada para resultados, justa, apaixonada, orientada para os clientes e confiável. James recebeu o seguinte retorno: tático, cauteloso, desorganizado, autocentrado, controlador. Que marca você gostaria de ter? O fato é que todos nós temos uma marca dentro de uma organização. Então, qual é a marca de liderança de seu chefe? Dedique algum tempo para refletir sobre isso e descreva seis traços ou características. Compare sua lista com a de um colega de confiança. Vocês concordam? É assim que seu chefe é percebido por outras pessoas?

Isso é importante por duas razões: a primeira é que a marca de liderança de seu chefe tem impacto em como as pessoas percebem todo o seu departamento. Se ele for colaborador e uma pessoa com quem é fácil trabalhar, isso deixa a vida de todos mais tranquila. Entretanto, se ele tiver uma reputação de temperamento difícil, isso pode afetar toda a equipe. Uma vez trabalhei com um chefe que consistentemente diminuía a influência de todo o nosso departamento na organização. Quando ele entrou na firma, éramos um dos grupos mais respeitados na empresa. Quatro anos depois, éramos quase sempre ignorados. A única mudança em nossa equipe havia sido o líder que, no decorrer do tempo, tinha feito inimigos e perdido o apoio de seu chefe, o que resultou na diminuição do valor de todos nós. A reputação dele se tornou a reputação do departamento e, como resultado, tivemos muita dificuldade para trabalhar internamente.

Em segundo lugar, quando as pessoas não respeitam seu chefe, você também sofre pessoalmente. Por exemplo, se ele não for bem-querido, você pode se ver excluído de conversas sobre gratificações e prêmios, porque ninguém presta atenção em seu departamento. Você pode não ser considerado para tarefas especiais ou promoções se ele não tiver uma voz forte na diretoria. Sem apoio nas reuniões de revisão dos talentos ou dos desempenhos de gerenciamento, você terá poucas oportunidades de desenvolvimento, aumentos de salário ou menores gratificações de final de ano. Já tive vários clientes que sofreram com isso: viram seus colegas subirem mais rapidamente na organização porque tinham melhores aliados. Resumindo, as opiniões e os apoios dos outros chefes tinham um peso maior, e meus clientes sofreram por não terem um defensor respeitado. Confie em mim, isso é real: a reputação de seu chefe é fundamental para a reputação do seu departamento, e, consequentemente, para a sua.

Gerenciando a reputação de seu chefe

Quando Felicia iniciou seu novo trabalho como diretora de finanças em uma agência governamental, ficou impressionada com o conhecimento que o chefe tinha da agência e com sua visão para a divisão. John parecia ser o tipo de gerente com quem ela poderia aprender e que a ajudaria a construir relações no espectro de clientes governamentais da agência. Logo descobriu, entretanto, que John tinha má reputação como líder de finanças; seu grupo tinha problemas de precisão e de cumprir compromissos. Aparentemente, houve alguns erros nas demonstrações financeiras no passado e o registro do grupo no que dizia respeito à entrega de resultados era considerado abaixo da média pelas demais agências. Quando comecei a trabalhar com Felicia, esse era o grande obstáculo que ela queria ultrapassar. Sabia que sua reputação estaria ligada à de John caso ela não agisse rapidamente. Desenvolvemos um plano em três partes: 1) Ela trabalhou para mudar a percepção de

John, citando exemplos positivos de sua contribuição toda vez que se reunia com seus colegas; 2) Consistentemente pedia avaliações de si mesma e do conjunto da agência, o que fazia os demais sentirem que estavam sendo ouvidos. Ela repassava isso para John e para a equipe, o que os ajudou na formulação de estratégias para corrigir sua reputação coletiva; e 3) Prometeu (e cumpriu) um compromisso sem tréguas com a precisão, estabelecendo desse modo um novo registro de resultados. Isso teve o efeito de fortalecer sua marca, mas também ajudou a consertar a reputação de John em dirigir uma divisão sólida de finanças.

Quando tiver uma descrição precisa de sua marca de liderança, procure maneiras de promover ajustes. Talvez precise defendê-la mais, ou talvez deva passar a defendê-la menos. Comece a consertar o relacionamento com os outros líderes e equipes. Construa sua própria rede de esforços e busque um mentor em outras áreas da companhia. Aumente sua própria visibilidade dentro da organização, de modo que os demais líderes se familiarizem com seus conhecimentos e especialidades. No final das contas, se trata disso: a reputação dele pode ajudar ou prejudicar você. Se a marca de liderança dele não for o que deveria ser, comece a planejar o reforço da sua própria marca.

INSIGHTS

Reputação
- *Conheça a reputação de seu chefe dentro da empresa.*
- *Reconheça como sua marca impacta o seu departamento.*
- *Determine o que a reputação dele significa para você.*
Esteja atento à marca de liderança de seu chefe.

7 Quem seu chefe respeita?

As respostas para essa pergunta contêm muitos insights, porque revelam a história de onde seu chefe está construindo (ou evitando) relações dentro de sua organização. Todos os chefes desejam trabalhar com pessoas que consideram capazes e talentosas, e a maioria não desenvolverá relações fortes com colegas que não respeitam. Então, o que seu chefe pensa dos outros líderes em sua empresa? Quem ele respeita? Com quem ele *não* quer trabalhar, porque não respeita seus estilos, suas experiências ou seus resultados?

Respeito é uma palavra forte no mundo dos negócios. Significa que existe algo em você que aprecio, admiro, ou gostaria de emular; é a forma mais alta de adulação corporativa. Sendo isso tão importante, seu chefe provavelmente será transparente sobre quem ele respeita na empresa. Ele pode dizer "Respeito muito Bill, ele faz as coisas do jeito certo". Também pode indicar quem ele não respeita. Pode lhe dizer, direta ou indiretamente, ou pode ficar evidente em sua linguagem corporal ou falta de interação com certo indivíduo.

Esse conhecimento é importante para você por vários motivos. Em primeiro lugar, informa *o que* ele respeita. É uma janela para o que ele valoriza em termos de competências, experiência ou ética de trabalho. Se você prestar atenção no que ele respeita nos outros, poderá ter uma boa ideia do que ele espera ver em você. Por exemplo, se respeita pessoas que constroem uma ampla rede de contatos, está mandando um sinal de que espera que você desenvolva relações interfuncionais. Se respeita pessoas que desafiam o status quo, está lhe dando licença para contestar algumas de suas ideias. Se valoriza um espectro amplo de experiências anteriores, é um sinal de que você pode fazer referências às melhores práticas de seu emprego anterior. Faça uma lista das qualidades que seu chefe respeita; esse é o conjunto dos valores de "pessoas", e você precisa saber quais são esses princípios básicos.

Em segundo lugar, você precisa saber quem ele considera digno de seu tempo e atenção. Suas relações são fundamentadas em um alicerce de respeito. Estude seus relacionamentos e alianças por toda a empresa. É altamente improvável que ele seja próximo de alguém que não respeite. Quem ele considera talentoso? Quem ele procura para obter conselhos? Por quem ele tem confiança ou admiração? Inversamente, quem ele acha que apenas ocupa o assento? Quem ele evita? Com quem ele não passa tempo junto e qual é a razão disso?

Um dos exercícios que faço com clientes é dar vida a essa rede de relações. Em apenas uma página (que chamo de Mapa do Relacionamento), peço que marquem os relacionamentos que têm por toda a companhia, usando uma escala simples de cinco pontos (Excelente, Muito bom, Aceitável, Precisa melhorar, e Ruim). Ao mesmo tempo em que essa informação é valiosa para o processo de treinamento, o que as pessoas realmente acham interessante é quando as faço mapear os relacionamentos de seus chefes. O ato de mapear sua rede de relações revela muito, desde como o trabalho é executado até onde existem pontos cegos dentro da companhia. Experimente esse exercício e classifique os relacionamentos de seu chefe na organização. Ao analisar os relacionamentos, você terá uma ideia de como ele trabalha no sistema e onde tem firmeza nas trilhas de liderança da empresa.

Finalmente, saber quem ele respeita vai lhe proporcionar um mapa de navegação dentro da organização: conhecer sua rede de relacionamentos é algo crítico para seus próprios esforços de desenvolver os seus. Por exemplo, você pode alavancar os bons relacionamentos dele para alcançar seus objetivos. Também pode usar a rede dele para acelerar suas ideias e esfera de influência. Pode até mesmo enfrentar o desafio de construir uma ponte para uma equipe com a qual ele tenha desistido por conta do líder.

Outro modo de usar esse conhecimento é compreendendo onde estão traçadas as "linhas de respeito" entre você e seu chefe. Sallie aprendeu isso do modo mais difícil. Ocasionalmente, ela criticava um dos colegas do chefe, sem perceber que eles eram bons amigos. Em outras ocasiões, ela elogiava um colega que ele não respeitava, o que o levou a questionar o julgamento de Sallie. Eu e Sallie conversamos e chegamos à conclusão de que ela não deve adotar o ponto de vista dele sobre as pessoas; ela deve formar sua própria opinião sobre os outros. Entretanto, agora Sallie compreende que tem que ter consciência de quem seu chefe admira e de quem ele não respeita.

Se você enfrenta esse tipo de desalinhamento, precisa planejar como lidar com isso, pois é improvável que consiga mudar as opiniões que ele tem sobre as pessoas. Conheça o que ele valoriza nas pessoas. Esteja atento às opiniões dele sobre os talentos dentro da organização. Saiba quem ele admira e respeita. Observe os relacionamentos dele e saiba seus pontos fortes e suas fraquezas. Uma das coisas mais críticas que você pode saber é o que ele pensa de seus colegas, e onde tem alianças fortes (ou rompidas). Armado com essa informação, você pode prever de modo mais preciso o que seu chefe deseja de você no que diz respeito a construir ou alavancar relacionamentos.

INSIGHTS

Valores e relacionamentos
- *Aprenda o que seu chefe valoriza nos outros.*
- *Saiba quem seu chefe respeita ou não, e a razão disso.*
- *Compreenda como essas opiniões afetam você.*

Saiba quem seu chefe respeita e por quê.

⑧ Onde seu chefe tem influência?

À primeira vista pode parecer que analisar a reputação de seu chefe e seu nível de influência resultariam nas mesmas percepções. Na verdade, as duas são bem diferentes. Ele pode ter a reputação de ser um colega difícil no trabalho, mas isso não quer dizer que não possa ter impacto dentro da organização. Reputação tem a ver com a percepção das pessoas, influência, com fazer acontecer. A influência é obtida quando se apresenta um registro de sucessos, de grandes ideias e de ser capaz de executá-las. Então, o seu chefe tem influência? Tem o poder de conseguir que as pessoas façam o que ele quer? É um líder respeitado em sua empresa?

Seu dever de casa para essa questão envolve dois insights: 1) sobre quem ele tem influência, e 2) que temas ou decisões ele impacta de forma bem-sucedida? Comecemos com os gerentes seniores que ele é capaz de influenciar. Examine seu registro de ações e considere seus sucessos e fracassos. Existe um padrão? Ele tem mais sucesso com colegas homens ou mulheres? Tem mais influência sobre novos líderes ou sobre os que ocupam posições há mais tempo? Ele tem mais influência com os líderes de ações ou com os líderes de planejamento? Seu chefe tem impacto na área ou principalmente no escritório em que trabalha? Pegue o mapa de relacionamentos que você criou para o Passo 7 e destaque os líderes que seu chefe tende a influenciar com sucesso. Onde eles se situam dentro da organização? O que têm em comum? Existe alguma maneira de expandir essa lista?

Ahmad está enfrentando exatamente essa situação. Ele trabalha com tecnologia da informação, e embora seu chefe não tenha problemas para influenciar outros líderes de equipes, ele já fracassou muitas vezes tentando influenciar os líderes de negócios para que experimentem os novos produtos ou serviços oferecidos. O chefe é respeitado por outros grupos de ação, mas ainda não teve sucesso com os executivos de produção. Ahmad veio da linha de negócios mais importante, assim, tenta estabelecer a reputação do chefe com esse grupo através de conversas regulares com a equipe de liderança.

Na linha de frente

Jason era um recém-promovido vice-presidente na área de operações de tecnologia; seus conhecimentos e suas habilidades eram altamente respeitados, mas ele precisava de experiência para colaborar e negociar com os clientes internos. Infelizmente, o chefe de Jason não estava lhe proporcionando o treinamento necessário na área. Na verdade, seu chefe evitava a qualquer custo conflitos dentro da organização e não era eficaz em negociar soluções quando Jason aumentava a escala dos problemas. Um dia, Jason me disse que seu chefe o colocava em uma posição desconfortável com um dos colegas do chefe. De fato, seu chefe queria que Jason assumisse as brigas por ele, evitava qualquer responsabilidade por uma diminuição no ritmo de trabalho e disse ao colega: "Resolva isso com Jason." Jason lidou de modo paciente e delicado com o incidente, mas ficou frustrado com a total falta de responsabilidade do chefe.

A percepção chave veio dos líderes superiores com quem teve que lidar. Aparentemente, seu chefe havia perdido alguns grandes debates no ano anterior e passou a evitar tomar posições em assuntos controversos. Eles suspeitavam que o plano dele era empurrar as responsabilidades para baixo. Dessa maneira, se o assunto não fosse resolvido, podia culpar alguém. Jason suspeitava que esse era o motivo correto, então, elaboramos juntos uma estratégia na qual ele receberia instruções do chefe antes de lidar com os demais na companhia. No final das contas, Jason aprendeu a lidar com a falta de habilidade do chefe para o confronto com outras pessoas, e, nesse processo, ganhou a reputação de ser um funcionário maduro na busca de soluções satisfatórias para todos. Jason transformou algo negativo em positivo, mas só depois que percebeu as verdadeiras motivações de seu chefe.

O segundo insight envolve o tipo de assunto ou decisão no qual o chefe tipicamente impacta. Trata-se apenas de sua área de domínio funcional ou ele influencia para além de sua área de especialidade? São pequenas questões ou ele consegue fazer as coisas funcionarem nos grandes desafios organizacionais? Faça uma lista das decisões que ele é capaz de influenciar. O que sobressai para você? Quando considera os registros de ações dele, você diria que se trata de um jogador de peso na empresa ou alguém que simplesmente executa seus deveres funcionais específicos?

Embora sua reputação e habilidade de influenciar possam resultar em percepções distintas, as implicações para você são similares. Se ele tiver poder na organização, isso pode lhe trazer benefícios (a maré que sobe levanta todos os barcos quando se trata de influência organizacional). Se ele não tiver muita influência, você também pode ter problemas para conseguir engrenar. Se ele deixa de tomar muitas decisões, aqui estão duas coisas que você pode fazer. Primeiro, ajude-o a conseguir algumas vitórias rápidas descobrindo algo que necessite da contribuição dele. Pavimente o caminho com seus contatos, e coloque-o na posição de influenciar a decisão. Segundo, tente se envolver mais com o processo estratégico de desenvolvimento de seu departamento. Mais uma vez, use seus relacionamentos para determinar onde seu grupo pode ter maior impacto, e guie seu chefe até uma posição onde ele possa acrescentar mais valor.

A habilidade de seu chefe em influenciar a organização afeta sua confiança, atitude e comportamento. O que ele quer de você, em qualquer situação dada, pode depender de como ele se sente sobre seu atual nível de influência na empresa. Olhe bem quem ele influencia, e por quê. Da mesma maneira, estude os assuntos nos quais ele teve um impacto bem-sucedido. A leitura precisa da posição de poder do seu chefe dirá muito a você sobre o estado mental dele, o que, por sua vez, explica muito sobre seu comportamento.

INSIGHTS

Influência

- *Saiba em que lugares da organização seu chefe tem credibilidade.*
- *Conheça os líderes com os quais ele se alinha (ou não).*
- *Saiba o que isso significa para você.*

O nível de influência de seu chefe impacta você.

9 Como é o relacionamento de seu chefe com o chefe dele?

Esse é um dos insights mais importantes que você pode ter sobre seu chefe. Assim como você, ele tenta perceber o que o chefe dele prefere e espera. Ele busca uma boa imagem diante de seu gerente, e isso tem implicações sérias para você. Meu conselho é que você procure conhecer tudo o que for possível sobre esse relacionamento, pois isso explicará muitas coisas sobre seu comportamento. Existe respeito mútuo? Seu chefe gosta de trabalhar para o gerente dele? A razão pela qual isso impacta você é óbvia: se ele não se sente confortável com esse relacionamento, ficará estressado, e com certeza você sentirá um pouco desse efeito. O relacionamento do seu chefe com o chefe dele pode ter impacto nos projetos em que você trabalha, se você será promovido, como você é percebido pela direção superior, e até mesmo seus aumentos anuais ou bônus. Francamente, para que sua carreira realmente decole é preciso que ele também tenha uma posição confortável com o gerente dele. É por essa razão que você precisa ter um bom insight desse relacionamento.

Para início de conversa, verifique quanto tempo os dois passam juntos. Ele tem encontros pessoais com o chefe dele? Consegue isso tanto quanto os colegas dele? Os dois têm encontros só entre eles com regularidade? É claro que você não estará presente em todas essas reuniões, mas quando estiver, preste atenção no estilo de interação entre eles. Ele quase sempre recebe ordens ou aconselha e influencia as decisões? Ele fica confortável perto do chefe? O chefe pergunta a opinião dele? Ele é ouvido?

Tenho muita experiência na observação de como os chefes interagem com seus próprios gerentes, e as pistas para desvendar o relacionamento deles estão sempre diante dos nossos olhos. Por exemplo, Mindy (gerente de nível médio em uma pequena empresa) tinha realmente medo de seu chefe. Acreditava que toda reunião podia ser sua última, caso ela não fosse perfeita. Ela faria qualquer coisa para contentar o sujeito, inclusive manipular dados, contar meias-verdades, até mesmo jogar toda a culpa dos problemas na equipe, se fosse necessário. Era doloroso presenciar uma reunião com os dois porque era evidente que Mindy cedia a qualquer vontade dele. Sua primeira motivação era a sobrevivência. Nem é preciso dizer que seu feedback indicava que seus superiores diretos não confiavam nela, e havia sempre a possibilidade de ela se sujeitar e deixar que o chefe modificasse completamente o modo de trabalhar. O desafio para Mindy era construir sua própria autoconfiança de modo a conseguir uma interação mais equilibrada com o chefe.

Em segundo lugar, preste atenção em como seu chefe fala sobre o chefe dele. Que sinais ele transmite sobre esse relacionamento? Deixa pistas de que se sente frustrado? Compartilha histórias que apontam para linhas de convergência ou de estresse? A linguagem corporal dele corresponde às palavras? Você pode aprender muito sobre o relacionamento dele com seu superior se ler nas entrelinhas. Verifique o equilíbrio entre termos positivos e negativos e isso deve lhe dizer tudo o que você precisa saber sobre como ele enxerga esse relacionamento.

Além de notar a quantidade e a qualidade da interação, preste atenção no fluxo de trabalho. Em que áreas seu chefe tem carta branca e em que áreas precisa consultar o gerente dele? Qual é o nível de autoridade dele? O quão de perto ele é gerenciado? É ele quem gera a maior parte das ideias, ou o trabalho emana dos objetivos do gerente dele? O que você procura aqui é saber se ele está no controle da própria carga de trabalho ou se está simplesmente executando o que é delegado por seu chefe.

Finalmente, insisto que você estabeleça um relacionamento direto com o chefe do seu chefe. Pergunte se ele gostaria de almoçar algumas vezes por ano, ou opinar sobre alguns projetos específicos. Procure segui-lo durante um dia, ou peça para assistir reuniões internas para observar e aprender. Seu objetivo é estabelecer sua própria identidade junto ao chefe de seu chefe. Esse é um bom conselho para todos, mas é especialmente importante caso seu chefe tenha um relacionamento frágil com o chefe dele. Sua marca deve brilhar até o chefão, e, em alguns casos, a única maneira de fazer isso é demonstrar diretamente seu talento e suas ideias. William está adotando essa estratégia. O chefe dele não tem um bom relacionamento com seu chefe e William sabe que sua reputação pode sofrer por associação. William desenvolveu uma estratégia para passar algum tempo com o executivo superior, e começou pedindo licença a seu chefe para abordá-lo. Quando William se encontrou com o chefão, vendeu a ele uma relação recíproca de aprendizado (ele ensinaria o chefe a usar os mais recentes aparelhos tecnológicos e o chefe o levaria à reunião de vendas para reforçar suas habilidades de relacionamento com os clientes). O executivo concordou e William conseguiu criar seu próprio relacionamento com esse importante protetor.

Na minha própria carreira, o relacionamento entre meu chefe e seu gerente superior muitas vezes foi o que melhor me proporcionou a visão sobre suas motivações. Na medida em que desenvolvia percepções sobre como interagiam e se sentiam a respeito um do outro, eu era mais capaz de compreender o comportamento deles. Quando você sentir que entendeu esse relacionamento, verifique suas impressões com outros que trabalham para seu chefe. Verifique se está no rumo certo e depois use esse insight para se adaptar aos humores, comportamentos e atitudes dele.

INSIGHTS

Relacionamento entre chefes
- *Estude o relacionamento entre seu chefe e o chefe dele.*
- *Saiba que ele está tão preocupado com o chefe dele quanto você está com ele.*
- *Desenvolva um relacionamento com o chefe dele.*

Esse relacionamento tem grande influência sobre o que seu chefe quer de você.

⑩ Qual é a motivação primária de seu chefe?

Chegamos agora à mais importante de todas as epifanias: o insight sobre o fator que mais influencia o comportamento de seu chefe. Pela minha experiência, existe uma motivação fundamental que dirige as ações de um chefe. Eu chamo isso de "motivação primária". Se você tivesse que escolher apenas uma motivação que desse conta do comportamento do seu chefe, como a descreveria? Existem diversas motivações comuns aos chefes: segurança no emprego, promoção, dinheiro, reconhecimento, aversão a riscos, orientação para resultados, controle completo (ego) e o desejo de que todos gostem dele. Alguma dessas motivações explica o comportamento de seu chefe? Vamos analisar cada uma mais a fundo.

Seu chefe pode ser motivado por segurança na carreira (medo de perder o emprego). Pode fazer qualquer coisa para manter sua posição; cada ação e decisão é tomada de olho em "não balançar a canoa". Talvez ele esteja motivado, primariamente, por querer avançar na organização; todos os seus comportamentos podem ser traçados a esse desejo de ser promovido ou ser bem-visto pela direção superior. É possível que ele seja motivado pela criação de riqueza; tudo o que faz é motivado por recompensas, conseguir a maior classificação ou a melhor bonificação possível. Talvez seja motivado por elogios e reconhecimento; nesse caso, estará sempre se colocando em uma posição para ser notado pela administração superior. Talvez seja tão adverso a riscos que jamais realize um movimento audacioso; sua abordagem é sempre a de não correr riscos ou atrair atenção. É possível que seja motivado pela perfeição; fará qualquer coisa para conseguir resultados específicos, que alcancem exatamente o padrão que deseja. Talvez tenha necessidade de estar certo ou completamente na vigilância o tempo todo (grande ego, com estilo controlador). Finalmente, pode ser motivado pelo desejo de agradar todo mundo, de modo que evita conflitos a todo custo. Seu chefe pode ser motivado por um desses impulsos, ou pode ter uma motivação mais específica por trás de seu comportamento. Seja lá qual for, seu trabalho é descobrir isso de modo a usar esse insight para ajustar seu relacionamento de trabalho.

Acredito que todos temos uma motivação primária, que tudo que fazemos pode ser traçado até essa crença, necessidade ou valor fundamental. Como coach, já ouvi histórias sobre todas as possíveis motivações de um chefe. Jennifer tem um chefe tão focado em si mesmo que não presta a menor atenção a ela e que não sabe nada sobre sua vida fora do trabalho. Prasad tem um chefe com um ego enorme, que precisa estar certo sobre tudo e por isso tem que vencer todas as discussões. Cindy tem um que evita riscos; assim, nada é feito, porque ele tem receio de adotar alguma medida controversa. Para que você não pense que tudo é negativo, muitos clientes têm chefes com motivações positivas. Esses gerentes simplesmente desejam fazer um bom trabalho e ajudar seus funcionários a crescer e se desenvolver. São motivados para alcançar resultados do modo correto, e treinam e apoiam suas equipes.

A epifania de Teri

Quando comecei a trabalhar com Teri, ela havia sido recém-contratada como vice-presidente de marketing. Quando ela estava sendo recrutada, seu chefe (o vice-presidente sênior de marketing) prometeu que ela teria acesso total ao CEO. No entanto, ela logo percebeu que jamais faria uma apresentação ao CEO; tudo tinha que passar por seu chefe, que pessoalmente entregava todas as apresentações de marketing. Depois de três meses, Teri ainda não havia sido apresentada ao executivo. Ela compartilhou comigo essa revelação em uma das sessões: "Já percebi o que meu chefe quer de mim. Quer que eu seja brilhante, mas invisível." Teri percebeu que seu chefe era impulsionado por seu ego e insegurança; ele estava preocupado com a própria posição junto ao executivo. Ele queria que a equipe fizesse um grande trabalho, mas pretendia ficar com todo o crédito e não queria compartilhar o holofote. Já que era improvável isso mudar, Teri e eu criamos um plano para que ela criasse uma extensa rede de relacionamentos na empresa, apresentando-se como voluntária para tarefas conjuntas sempre que possível. Desse modo, ela foi capaz de estabelecer sua própria marca, ganhar boa reputação nos outros departamentos e até mesmo conhecer membros da equipe de direção. Eventualmente, um desses comitês fez uma apresentação para o executivo e recebeu sinal verde. Teri terminou trabalhando com o executivo no plano de marketing. Em vez de ficar frustrada com a situação, ela fortaleceu sua marca e pavimentou o caminho para o que queria.

O que tudo isso tem a ver com o que seu chefe quer de você? Em uma palavra, tudo. Essencialmente, ele deseja que você trabalhe de acordo com sua motivação primária. Quer que você entre na linha da sua motivação fundamental. Se for inseguro sobre sua posição, quer também que você mantenha a cabeça baixa. Se for motivado pela própria promoção, espera que você o faça aparecer bem a todo instante. Se for motivado por prêmios e reconhecimento, pode ser que queira que você descubra atalhos para alcançar os resultados que vão fazer dele uma estrela. Se for um controlador compulsivo, quer que você faça as coisas do jeito dele (e não se queixe disso). Sempre achei essa particular motivação o indicador mais poderoso do comportamento de seu chefe. A motivação primária define o que ele deseja, e, por sua vez, revela o que realmente deseja de você. Dedique bastante tempo a essa questão, e veja se consegue descrever essa força motivadora única que dá conta de seu perfil e comportamento.

Avaliar seu chefe é o primeiro passo para criar um plano de ação e melhorar o relacionamento com ele. O processo de reflexão começa com o conhecimento, e espero que essas dez questões tenham produzido em você algumas percepções. Agora, voltemos nossa atenção para um modo diferente de observar esse relacionamento: o que seu chefe pensa de você.

INSIGHTS

Motivação primária
- *Descubra os motivos subjacentes que conduzem o comportamento de seu chefe.*
- *Valide sua análise com um colega de confiança.*
- *Confirme novamente ao associar os motivos de seu chefe com o seu comportamento futuro.*

Esta é a maior força motivadora do que seu chefe quer de você.

PASSO 2

Considere como sua chefe vê você

Um dos melhores métodos para determinar o que sua chefe realmente deseja de você é contemplar o relacionamento do ponto de vista dela. É isso mesmo, nesta parte você irá estudar o relacionamento a partir da perspectiva dela. Ao se analisar através dos olhos dela você completará o ciclo de avaliação que começou com o estudo das motivações. Aliás, não é uma tarefa fácil: terá que examinar objetivamente suas capacidades, experiência e atitudes. Deve deixar o ego e os preconceitos de lado e construir uma visão imparcial de como ela realmente enxerga você.

Na medida em que examinamos cada uma dessas questões em profundidade, coloque-se na posição dela, sendo o mais honesto que puder na percepção que ela tem de você. Será que ela o vê como uma estrela, ou simplesmente um trabalhador médio? Percebe você como alguém que dá apoio, ou como um chato de galocha? Como ela compara você com outros colegas que têm relação direta com ela? Considera que você tem poucas oportunidades de desenvolvimento ou enormes discrepâncias em suas capacidades? Será que guarda rancor de algo na história comum entre vocês ou é capaz de apagar o quadro e observar você objetivamente? Mais uma vez, escreva seus pensamentos ou observações a respeito de cada questão e avalie cuidadosamente o provável ponto de vista dela. Aliás, com essas questões, é certamente necessário que consiga comentários de seus colegas; eles provavelmente terão uma ideia bem precisa de como você é visto (é provável que a chefe tenha lhes dito isso ou transmitido sinais claros). Ao considerar honestamente essas questões, você completará o quadro do que sua chefe realmente deseja de você. Eis as questões:

Como sua chefe vê você?

Habilidades

11 O que sua chefe valoriza em você?

Capacidade estratégica

12 O quão vital você é para a missão de sua chefe?

Desenvolvimento

13 Em que sua chefe acha que você pode melhorar?

Patrocínio

14 Como sua chefe apresenta você para outros?

História de trabalho

15 Como é a história entre você e sua chefe?

---

⑪ O que sua chefe valoriza em você?

Vou partir do princípio de que você é um profissional talentoso, com uma boa mistura de habilidades, experiências e ideias. Em resumo, possui o que é necessário para ter sucesso no nível em que está, e provavelmente no seguinte. Mas será que sua chefe o vê desse modo? Como ela avalia o conjunto de suas capacidades? Será que deseja mais de você, ou, na verdade, prefere menos? O que ela mais valoriza em você, e o que não aprecia?

Experimente este exercício: faça uma lista de seus pontos fortes. Em que você é bom? Que competências se destacam? Em seguida, faça uma marca ao lado dos pontos fortes que se aplicam ao papel que você ocupa agora (alguns de seus talentos podem não ser necessários em seu trabalho atual). Agora, coloque os pontos fortes que sua chefe realmente valoriza em outra lista. No que as duas listas diferem? Faço esse exercício com clientes, que geralmente listam entre 10 e 12 competências, a maioria das quais se encaixa no emprego atual. Mas quando selecionam os talentos que acreditam ser os valorizados por seus chefes, a lista encolhe para quatro a seis competências. Essa segunda lista não representa toda a contribuição que essas pessoas poderiam fazer para o negócio. Isso também é verdade no seu caso?

O fato é que você tem muitas competências, experiências e ideias que sua chefe pode estar ignorando. Uma queixa comum: "Minha chefe não quer ouvir falar das experiências de trabalho anteriores; é como se eu não tivesse aprendido nada em outros empregos." Todos temos pontos fortes que a chefe valoriza mais do que outros: sua tarefa é descobrir quais ela valoriza e quais não aprecia ou utiliza.

Por que esse insight é importante? Porque sua chefe realmente quer de você, em geral, o que ela mais valoriza. Pense nisso. Ela pode perceber sua contribuição de maneira muito limitada, e na verdade desejar que você mantenha esse nível com a mesma intensidade. É por isso que você necessita dessa perspectiva ao reverso. O que ela realmente valoriza? Lembro de ter ficado completamente frustrado com uma chefe que se recusava a considerar minhas ideias sobre uma nova maneira de fazer revisões de desempenho. Eu tinha experiência em outra empresa e ela simplesmente se recusava a me ouvir, e isso estava me deixando louco. Finalmente, percebi que ela havia colocado minhas competências e especializações em um nicho e não iria usar minhas ideias para solucionar problemas em outra área. Em certo sentido, queria usar apenas 65% da minha capacidade, não 100%. Isso era desencorajador? Pode apostar. Mas não foi melhor ter essa epifania? Com certeza.

Digamos que você teve muita experiência com design de novos produtos, mas sua chefe não quer saber disso e, ao contrário, quer que você se dedique à execução de vendas. Você quer reforçar um ponto positivo seu, enquanto a chefe quer exatamente o oposto. Talvez você tenha grandes ideias sobre desenvolvimento de processos, mas a chefe nunca lhe pergunta sobre isso. Talvez você seja bom na liderança de equipes, mas a chefe quer você como alguém que contribui individualmente, porque não valoriza seu papel gerenciador. Talvez você pudesse montar toda uma nova oferta de serviços, mas a chefe não quer gerenciar mais trabalho (lembre-se, as verdadeiras motivações dela podem resultar em alguns comportamentos muito contraproducentes).

A maioria das pessoas com quem trabalho considerou esse insight ao mesmo tempo doloroso e útil. O simples ato de observar suas próprias capacidades com o olhar da chefe pode explicar muita coisa sobre o que ela espera de você. Em alguns casos, quer você em uma caixinha que entregue resultados muito específicos e nada mais, ou deseja usar algumas das ferramentas que você maneja, mas não todas elas. Às vezes, porque essas habilidades não são exigidas no seu papel; outras vezes, porque ela não quer (ou não sabe como) expandir suas contribuições.

Doug experimenta essa frustração com a chefe. Ele é realmente muito bom em planejamento financeiro e adoraria ajudar com o orçamento da equipe (o que fez em dois empregos anteriores). Entretanto, a chefe não valoriza as habilidades financeiras de Doug (seja lá por quais razões) e rejeita regularmente seus pedidos de se envolver com o processo orçamentário. Isso acontece em minha experiência com algumas chefes. Gostam de ter todos na equipe desempenhando um papel bem específico, que deriva do desejo delas de manter completo controle. Nesses casos, habilidades adicionais não são reconhecidas porque não se adequam ao modelo de como a chefe quer dirigir a equipe.

Em outros casos, a chefe pode reconhecer seus talentos, mas não quer usá-los. Isso é especialmente verdadeiro com chefes inseguras, aquelas que na verdade temem que você seja mais talentoso. Digamos que sua chefe saiba que você é bom em construir relacionamentos, mas não lhe dá crédito por isso. Pode ser que ela mesmo não seja boa nesse campo, de modo que não reconhecerá seu talento na área. Outro exemplo: sua chefe sabe que você é bom no desenvolvimento de ideias inovadoras para aperfeiçoar o negócio, mas gosta de manter as coisas tal como são, assim, não irá desenvolver seu talento criativo. Ou esse cenário comum, no qual a chefe compreende que você é bem-relacionado fora da companhia, mas inveja esse seu networking e status profissional; portanto, você provavelmente não receberá créditos por isso, nem lhe será permitido desenvolver ao máximo suas conexões.

Sei que isso pode ser frustrante. Nada pior do que ter uma chefe que não reconhece ou usa seus verdadeiros talentos. Mas essa é uma situação real, e tudo que você precisa é ser totalmente consciente das consequências. Se não tiver certeza do que ela quer de você, pode ser porque não percebe seu conjunto de habilidades a partir da perspectiva dela. Na minha experiência, muitas chefes querem menos de você, não mais.

O talento não reconhecido

Olivia era uma vice-presidente encarregada do desenvolvimento de novos produtos. Era considerada altamente criativa por seus colegas, que regularmente solicitavam sua contribuição em projetos. Entretanto, mesmo que seu chefe respeitasse o modo como Olivia desenvolvia novos produtos, jamais buscou sua opinião sobre outros desafios de criatividade. Quando chegou o momento de planejar a conferência anual de vendas, os colegas de Olivia fizeram lobby junto ao chefe para que a encarregasse do evento, porque sabiam que ela tomaria uma direção nova e criativa. Olivia chegou a perguntar ao chefe diretamente sobre projeto, mas ele a rejeitou. Não achava que tinha suficiente "sentimento pelo evento". Mais tarde, Olivia me disse: "Acho que ele não me quer perto disso — tem medo de que eu vá fazer algo drasticamente diferente. Acho que não quer correr esse risco." O chefe definitivamente não valorizava o talento primário de Olivia, e sua queixa se tornou "Ele não aprecia meu talento criativo". Eu sabia que isso a preocupava, de modo que criamos uma estratégia para ela fazer mais uma tentativa de conseguir a tarefa.

> Antes de solicitar novamente a tarefa, ela revisou o conteúdo e o desenrolar das conferências passadas e desenvolveu uma proposta que incorporava algumas de suas ideias criativas, mas não alterava dramaticamente o formato. Também garantiu a ele que compartilharia isso tudo com o chefe de vendas antes de finalizar o plano. Ao reconhecer (mas, em última análise, não aceitar) a visão do chefe sobre suas habilidades, ela fez algumas alterações em sua abordagem que lhe permitiram demonstrar seu verdadeiro talento.

Então, que habilidades sua chefe aprecia? O que ela está tentando alavancar? O que ignora? É preciso fazer um inventário, compreender as implicações e agir buscando expandir a visão dela sobre como você pode acrescentar mais valor.

Tente isso: escolha uma habilidade que sua chefe não esteja reconhecendo, observe os modos de como demonstrar sua capacidade. Associe-se com um colega em um projeto fora do seu trabalho normal ou leve à chefe uma proposta para algo que você possa fazer em seu tempo livre. Fale nas reuniões sobre certos tópicos para demonstrar seu conhecimento e credibilidade. Nas reuniões em que estiver sozinho com a chefe, conte histórias sobre talentos que você aplicou no passado e que se enquadram nos desafios correntes. Em outras palavras, assuma a responsabilidade sobre como sua chefe vê você. Não permita que ela dite como a organização vê o conjunto de suas habilidades. Dê pequenos, mas consistentes passos para expandir a visão que ela possa ter sobre o que você pode oferecer. Quanto mais ela achar que você é um recurso, mais usará você de diferentes maneiras. Você pode mudar a percepção de sua chefe sobre suas capacidades e pode mudar o que ela quer de você.

INSIGHTS

Competências e capacidades
- *Descubra quais de suas competências e habilidades sua chefe valoriza.*
- *Compreenda o que ela não reconhece ou valoriza.*
- *Aja para expandir a visão dela sobre os seus talentos.*

Saiba o que sua chefe valoriza em você.

⑫ O quão vital você é para a missão de sua chefe?

Quando você estudou sua chefe no Passo 1, captou suas prioridades e agenda para compreender suas áreas de foco. Voltemos a esse conceito — o quão importante você é para o conjunto da missão dela? Dentre todas as coisas que a chefe tenta atingir, o quão crítico para isso você é, de verdade? Em relação a todos os projetos no grupo da chefe, onde você se situa na "fila da chamada" dos produtos? Não deveria ser surpresa que sua chefe tenha prioridades diferentes. Mesmo que você pense que seu projeto é muito importante, pode estar seguro de que ela pensa do mesmo modo? Seu trabalho está no topo das preocupações dela? E quanto a você, pessoalmente? Você é considerado como um dos recursos vitais, necessários, para que a chefe cumpra sua missão?

David descobriu na pele que não estava no centro da tela de radar da chefe. Havia sido contratado especificamente para o lançamento da nova universidade de ensino corporativo, e a chefe lhe assegurou de que essa era sua prioridade máxima. Entretanto, quando David se envolveu com o projeto e necessitou da ajuda da chefe, ela não estava comprometida, ou pior, completamente inacessível. David ficou confuso. Ela não tinha dito que o assunto estava no topo da sua lista? O que David falhou em perceber foi que mais dois focos de incêndio haviam começado, e a chefe estava empenhada em apagá-los. Como resultado, David perdeu um precioso impulso, porque tinha contado com a participação ativa da chefe; não havia elaborado um plano de negócios forte o suficiente para levar adiante o lançamento sem a participação dela.

Às vezes, trata-se de algo mais que uma mudança de prioridades. Você reconhece os temas principais da missão de sua chefe? Percebe em que direção ela conduz o departamento, e que você é parte desses planos? Será que suas habilidades, experiência e atitude fazem parte dos planos dela? Um bom exemplo disso é quando sua chefe decide terceirizar determinado trabalho, ou planeja uma redução de sua equipe. Nesse caso, a chefe está jogando a longo prazo; está focada na mudança radical de tudo o que diz respeito ao departamento, e pode até ter planejado a própria saída estratégica quando a tarefa for concluída. Você acha mesmo que seu novo projeto pode competir com esses objetivos de longo alcance estrategicamente planejados? De jeito nenhum. Sua chefe sabe mais do que você sobre o que acontece em toda a empresa. Percebe e escuta coisas que você não sabe e nem sempre irá compartilhar isso com você. Como resultado, ela pode estar modificando prioridades ou apontando o departamento para uma nova direção, sem lhe dizer, o que significa que seu valor é constantemente avaliado.

Você sabe o quanto é pessoalmente importante para a missão dela? Combine o insight anterior sobre o que a chefe valoriza mais em você com a agenda dela e terá uma resposta para essa questão. O quão indispensável você é? No mundo de hoje, ninguém está totalmente a salvo em nenhum emprego. Quais são as últimas pistas sobre a adequação de suas competências para a missão? Aconteceu algo recentemente que modificou seu valor no relacionamento direto? Como você, já vi vários colegas serem deixados para trás porque suas capacidades não se adequavam à missão em curso. Não reconheceram que a equação de valor mudara e agiram tarde demais para fazer alguma coisa a respeito.

Não faço essa pergunta para acrescentar estresse ou deixar você preocupado sobre seu lugar na equipe. Simplesmente quero que avalie seu valor para a missão da chefe, a partir da perspectiva dela. Examine com atenção sua contribuição e em que você está trabalhando. Você ainda é importante para a missão? A missão está evoluindo? Sua chefe o vê como parte importante (e necessária) do futuro? Seja objetivo sobre seu valor, pois há chance de você estar se superestimando. Não suponha que, por ter ficado ao lado da sua chefe por seis meses, ainda é visto como pessoa essencial para a equipe dela. Os negócios podem ter mudado, ou seu grupo perdeu o status que tinha na organização. Já passei por isso em minha própria carreira. Eu trabalhava em uma companhia que começou a fazer aquisições em um negócio adjacente, que tinha margem de lucro muito menor. Como resultado, todo o modelo de custo tinha de ser modificado. Havíamos construído um modelo de trabalhadores de alto nível, e agora solicitavam que mudássemos para um formato só para quem fosse necessário. Aqueles que se adaptaram à mudança de formato da missão floresceram; foram os que não tiveram dificuldades no momento do ajuste. Não foi surpresa a chefe ter valorizado aqueles que embarcaram no novo modelo.

Se você julgar corretamente seu valor, isso deve lhe proporcionar algumas percepções úteis. Pelo menos o manterá calmo e evitará que se aborreça se a chefe estiver focada temporariamente em outra coisa. Mais importante ainda é que você pode reconhecer uma ampla mudança no conjunto da missão, de modo a lhe permitir alguns ajustes em seu jogo. Analise em que sua chefe está focada, e como você está envolvido nessas prioridades. Examine todo o seu espectro de capacidades e avalie se estas se ajustam aos planos dela. Então, adapte seu comportamento, atitude e contribuição para a missão. Em outras palavras, dê razões à sua chefe para ver como você é parte do futuro, não do passado.

INSIGHTS

Importância para a missão
- *Conheça a agenda de sua chefe e o conjunto da missão.*
- *Avalie como está sua posição na missão.*
- *Faça os ajustes necessários em sua atitude ou em seu comportamento.*

Continue relevante para os planos de sua chefe.

⓫ Em que sua chefe acha que você pode melhorar?

Em algum momento você já considerou que sua chefe não pensa que você é perfeito? Que seu desenvolvimento ainda não terminou? Seria seguro apostar que ela acha que suas habilidades precisam de um pouco de polimento. Considerando que todos nós temos oportunidades de desenvolvimento, o que a chefe quer que você aperfeiçoe? Ela já disse isso a você? Mesmo que tenha dito, você acredita mesmo que isso é tudo que ela pensa que você pode melhorar?

Essas perguntas não podem ser respondidas olhando sua avaliação de desempenho ou plano de desenvolvimento. Claro, vocês chegaram a um acordo sobre algumas áreas de crescimento em sua última revisão, e essas podem ser oportunidades legítimas de desenvolvimento. Mas em que mais sua chefe deseja que você se aperfeiçoe? Pense em suas motivações e preferências. Existe algo que ela não esteja lhe dizendo porque revela muito sobre o que ela quer de você?

Kevin se encontra nessa situação. Na avaliação semestral, sua chefe sugeriu que ele trabalhasse suas habilidades de treinamento e delegação (Kevin concordou que essas eram oportunidades). Entretanto, ele suspeita que a chefe também deseja que ele trabalhe sua capacidade de ouvir e compreender ordens de modo mais efetivo. Por quê? Porque, sempre que Kevin não segue as ordens específicas da chefe, ela fica chateada. A chefe quer que Kevin faça exatamente o que ela lhe diz para fazer, e sempre que Kevin toma seu próprio caminho, sente sua ira. Por que a chefe de Kevin simplesmente não lhe diz para melhorar essas habilidades?

Porque sabe que isso irá soar como bobagem. Os únicos exemplos que ela pode dar a Kevin são das vezes em que ele não fez exatamente o que ela queria. Ela era suficientemente perspicaz para saber que iria soar mesquinho sugerir uma melhora do que realmente não está em pauta. Ainda assim, se Kevin estiver certo, por quanto tempo ele deveria ignorar essa sugestão de melhora? Minha recomendação foi que ele agora começasse a demonstrar comportamentos mais profundos de atenção, para escapar de algo que pode muito bem descarrilhar sua carreira se as percepções da chefe não mudarem (afinal, Kevin sempre poderá usar sua capacidade de ouvir com mais atenção). A ideia é inferir o que sua chefe deseja que você melhore, mesmo que ela não esteja lhe dizendo diretamente isso.

Aqui temos outro exemplo. A chefe de Sara resumiu suas oportunidades de desenvolvimento em uma declaração simples: "Você só precisa ser mais como eu." A chefe pensou que estava oferecendo uma clara oportunidade de desenvolvimento, mas isso serviu apenas para frustrar Sara. Esse comentário não foi apenas amplo e vago demais, como também condescendente e arrogante. A mensagem era: "Você está agindo errado; só copie meu estilo e meu comportamento." Nesse caso, Sara nem teve que adivinhar em que sua chefe queria que ela melhorasse, já que o roteiro estava bem diante dela. No fim das contas, Sara preferiu não adotar o estilo de sua chefe. Em vez disso, trabalhamos em habilidades específicas de liderança, baseadas no feedback de seus colegas e de relatórios diretos. Entretanto, Sara certamente recebeu uma mensagem clara sobre o que sua chefe queria dela, e esse insight foi valioso por si mesmo.

Um sinal perdido de desenvolvimento

Bill era um de meus clientes mais capazes, líder reconhecido em seu campo. Quando conheci Bill, ele estava irritado com o estilo formal de reuniões de sua chefe e sua abordagem rigorosa do processo de decisão. Bill preferia discussões casuais, que ele chamava de "pensar em voz alta". Quando se reunia com a chefe, Bill ficava argumentativo e resistente a seu processo de interação e desejo de ter mais dados. Teimosamente, Bill tentava repetidas vezes levar a chefe a guiar suas decisões baseadas em provas circunstanciais, e isso não estava funcionando. Ele não apenas ficava frustrado, mas estava de fato agindo de todos os modos errados com sua chefe. Ao mesmo tempo, a chefe não proporcionava um retorno direto sobre essa desconexão: não deixava claro que Bill precisava desenvolver um estilo mais rigoroso. Após várias conversas de treinamento, Bill passou a compreender que não iria mudar sua chefe, pois análises deliberadas e múltiplas reuniões de revisão eram simplesmente seu modo de fazer as coisas. Quando ele começou a mudar seu próprio estilo, o relacionamento entre os dois melhorou drasticamente. Bill fez duas coisas que lhe permitiram ter mais influência. Primeiro, melhorou em termos de reunir dados para apoiar suas análises. Cada recomendação sua vinha agora com evidências sólidas. Em segundo lugar, começou a preparar opções múltiplas, de modo que a chefe pudesse ser parte do processo de tomada de decisão. Ao compreender em que sua chefe queria que ele melhorasse, Bill deixou de lado seu próprio ego, modificou sua abordagem e começou a obter os resultados que desejava o tempo todo: ser reconhecido como expert.

Esse insight — no que sua chefe realmente deseja que você melhore — é peça importante do quebra-cabeça do relacionamento. Na próxima reunião de desenvolvimento, escute cuidadosamente as sugestões da chefe, mas preste também atenção no que não está sendo dito. Se suspeitar que ela deseja que você melhore algum aspecto de suas habilidades ou de seu estilo, pergunte diretamente. Uma ótima pergunta é: "Em que posso trabalhar para melhorar nosso relacionamento?" Outra: "Que habilidades posso desenvolver que seriam mais valiosas para você?" Seu trabalho é decifrar o jogo e saber em que a chefe deseja que você melhore. Ao aguçar sua percepção sobre as motivações e preferências dela, você deve ser capaz de deduzir em que sua chefe deseja que você melhore. Depois, busque retorno sobre essas habilidades e comportamentos, e então estará claro (de uma vez por todas) o que ela deseja de você, ou pelo menos da parte que diz respeito ao seu plano de desenvolvimento. Em última instância, você pode escolher não trabalhar nessas áreas, mas pelo menos conduzirá abertamente a discussão e os insights resultantes.

INSIGHTS

Oportunidades de desenvolvimento
- *Descubra que habilidades e comportamentos sua chefe quer que você melhore.*
- *Trabalhe a partir das motivações e preferências dela.*
- *Pergunte diretamente à chefe sobre os desenvolvimentos que você pensa que ela espera de você.*

Tenha clareza sobre o que sua chefe deseja que você melhore.

⑭ Como sua chefe apresenta você para outros?

Uma das responsabilidades de sua chefe envolve avaliar seu desempenho e potencial. Ao fazer isso, ela compartilha essa avaliação com outros líderes da companhia. Se você trabalha em uma grande empresa, isso acontece em um processo formal de revisão de talentos, no qual os líderes superiores se reúnem para discutir você e seus pares. Se está em uma empresa menor, é mais informal, mas ainda assim a chefe compartilha a avaliação que faz de você com a chefe dela e os demais. Assim, será que você tem uma ideia de como ela o retrata? Como descreve seu desempenho, atitude e ética de trabalho? Será que ela é uma apoiadora do seu potencial para progredir na empresa? Essa pode ser a percepção mais difícil de todas para captar e verificar, mas é importante que você tenha alguma ideia de como sua chefe o apresenta dentro da organização. São pelo menos três as avaliações que a chefe faz o tempo todo, e cada uma delas tem a ver com o que ela deseja de você.

Primeiro, está comparando você com um padrão ou modelo do que espera de um subordinado direto. Se ela já gerencia pessoal há algum tempo, tem um forte instinto do que deseja de um empregado (lembre-se de suas preferências). Experimente este exercício: escreva as qualidades do empregado ideal dela e se compare com essa lista. Como você corresponde? Esse é o primeiro teste para saber se você está correspondendo ao que ela deseja, e a maior parte disso, provavelmente, é sobre aparências. Você corresponde ao ideal dela de ética de trabalho, atitude, paixão, trabalho de equipe etc.? Embora pareça uma comparação com um padrão fixo, é mais do que isso. Justo ou não, sua chefe conversa com outros gerentes sobre o quanto você corresponde ao modelo dela de empregado perfeito. De fato, podem existir normas culturais que tornem esse protótipo bastante comum em toda a organização.

Segundo, é fato que ela o compara com seus colegas. Oficialmente isso é desencorajado, mas pode acreditar, acontece o tempo todo. Em conversas com o chefe dela e com outros líderes (sejam formais ou informais), ela qualifica seus subordinados imediatos em várias dimensões. Você conhece seu lugar na lista? Sabe como a chefe discute essa lista com seus colegas e como, especificamente, ela o apresenta? Sabe quais de seus colegas estão fazendo exatamente o que ela deseja, e por que motivo? Se sua chefe alguma vez disse "Você precisa ser mais como John ou Susan", pode ter certeza de que está comparando você aos seus colegas. Embora isso seja totalmente inadequado, você não vai conseguir uma visão mais clara do que ela quer de você! Recebo essa queixa de clientes o tempo todo. Yolanda teve uma chefe que passava toda a reunião de avaliação de desempenho comparando-a aos seus colegas. Além de ser incrivelmente desconfortável, isso apenas confundia e enfurecia Yolanda, que não sabia o que fazer com esse feedback bizarro.

Mesmo que a comparação entre colegas possa ser imprópria, é um modo de os líderes superiores discutirem e pontuarem sua contribuição. Você é melhor do que John? Você é mais ou menos valioso do que Susan? Eis aqui um exercício constrangedor que você pode tentar (escreva e depois destrua a lista quando terminar). Do ponto de vista da sua chefe, qualifique seus subordinados imediatos de "favorito" a "menos favorito". Onde você se situa na lista? Mais importante: o que fazem as pessoas que estão em melhor posição, que você não faz? Agora, descreva o comportamento delas, e compare-as com seu comportamento. Há algum ajuste que você possa fazer em sua abordagem? Quando peço às pessoas que façam esse exercício, isso sempre resulta em poderosos insights sobre o que a chefe deseja. De fato, algumas podem apontar com exatidão o que John e Susan fazem que agrada a chefe, o que revela o insight de que precisam para estabelecer um roteiro de ação. Nesse caso, as pistas sobre o que ela quer estão, literalmente, ao seu redor — só é preciso prestar atenção no relacionamento da chefe com os seus colegas.

Finalmente, quando ela falar sobre você para a organização, fará comparações com pessoas de outros departamentos. Você sabe como são feitas essas comparações? Pense novamente nas pessoas que ela respeita na empresa, como você se mede em relação a eles? Serão justas essas comparações, e vale a pena emular essas pessoas? Se de algum modo for possível, tente descobrir como ela o retrata nessas reuniões. A única maneira de realmente saber isso é perguntando diretamente e torcendo para que ela diga a verdade. Na minha experiência, se a chefe fala "Disse que você está indo bem", pode acreditar que ela não está contando a história completa. Por outro lado, se der detalhes sobre a conversa, o que disseram os outros líderes, a discussão sobre suas necessidades de desenvolvimento etc., estará lhe dando um retrato preciso de como ela o apresenta. Na maior parte, esse será um insight do tipo "sinto", baseado em experiência e intuição. O dado é que a chefe está falando sobre você; a incógnita é o que ela realmente disse. Tente imaginar como transcorreu essa conversa. Que pontos positivos ela destacou e o que pode ter mencionado de negativo?

No decorrer da minha vida corporativa conduzi o processo de revisão de talentos para quatro grandes empresas, e a conversação vai mais ou menos assim: "Eis o que Nick está fazendo bem, e eis o que ele precisa melhorar." Aprendi a ler nas entrelinhas a segunda parte da discussão. Muitas vezes, não havia necessidade real de desenvolvimento, e sim algo que não correspondia às preferências da chefe. Será que isso está acontecendo com você? Da melhor maneira que puder, tente determinar como sua chefe apresenta você. Afinal, esse é o modo primário como os líderes superiores se informam sobre as suas capacidades, e você precisa saber como sua marca é retratada para o resto da empresa. Pode não haver nada que você possa fazer sobre o que ela diz, mas certamente pode fazer algo a partir do conhecimento do que ela diz.

INSIGHTS

Apresentando você
- *Saiba qual é o modelo de funcionário perfeito para sua chefe.*
- *Tenha consciência de como ela o compara com seus colegas.*
- *Descubra como sua chefe o apresenta na organização.*
Saiba como sua chefe fala sobre você.

⑮ Como é a história entre você e sua chefe?

A questão final que você deve considerar pela perspectiva de sua chefe tem a ver com a história completa de trabalho entre vocês dois. A opinião dela sobre você evoluiu no decorrer do tempo? O relacionamento melhorou ou piorou ultimamente, ou se trata de um declínio continuado? Se for o primeiro caso, você é capaz de apontar o incidente específico que provocou o descarrilhamento do relacionamento? O registro do relacionamento com sua chefe proporciona certa quantidade de percepções que podem ser muito reveladoras, especialmente se tomadas no contexto de tudo o que aprendeu até aqui sobre as motivações e visões da chefe sobre você. Vamos observar três dinâmicas em particular: 1) Como começou o relacionamento, 2) Como ele evoluiu, e 3) Em que situação se encontra atualmente.

Comecemos a partir de como vocês se conheceram. Você foi contratado por ela? Ela se juntou à equipe depois de você? Seria uma colega que se transformou em chefe? Cada uma dessas situações tem implicações diferentes para o que a chefe quer de você. Se ela o contratou, provavelmente acredita que deixou claro o que espera de você. Relembre essas conversas. Você tinha um sentido claro da missão, e caso tivesse, será que se desviou disso? Você pode ter esquecido, mas é provável que a chefe não tenha. Nas entrevistas, você confiou em seus instintos sobre ela ou deixou isso de lado? Havia sinais, mesmo então, a que você não deu atenção simplesmente para conseguir o trabalho? Se for assim, você realmente não pode culpá-la de inconsistência — ela transmitiu sinais sobre o tipo de chefe que seria (isso não é particularmente útil agora, mas é uma boa lição para a próxima vez).

Se você já estava na equipe quando ela assumiu o cargo, como foi a assimilação dela? Que pistas você percebeu durante suas primeiras semanas, e quais foram suas reações? Tentou fazer ela se adaptar ou se adaptou rapidamente ao estilo dela? Repito, ela provavelmente se lembra da própria chegada na equipe melhor do que você, e a opinião dela sobre você provavelmente inclui essas primeiras e importantes interações. Que insights você tem ao observar isso a partir da perspectiva dela?

Finalmente, se era uma colega que se tornou sua chefe, estamos falando da transição mais desafiadora de todas. Livros inteiros já foram escritos sobre esse assunto, e é seguro supor que essa mudança está repleta de dramas. Da perspectiva dela, você facilitou a transição ou lutou contra ela? Você deu seu apoio desde o começo ou restringiu sua dedicação? Coloque-se no lugar dela e considere a história. Você pode perceber como isso irá definir a visão da chefe sobre você, mesmo hoje? Esses insights dos primeiros dias podem ser esclarecedores, mas você precisa observá-los com os olhos da chefe para realmente compreender toda a história.

Em seguida, considere como ocorreu a evolução do relacionamento. Desde seu primeiro encontro, o relacionamento tem sido consistente ou é uma montanha-russa? Experimente este exercício: desenhe uma linha horizontal no meio de uma folha de papel. Trabalhando da esquerda para a direita, registre a data geral e a descrição de qualquer episódio crítico que teve impacto nesse relacionamento. Eventos positivos são colocados acima da linha e os incidentes negativos, abaixo. O desafio é fazer isso a partir da perspectiva da chefe. Como ela caracterizaria essas experiências? Vocês observam esses episódios do mesmo modo? Você considerou a perspectiva da chefe na época, e como ela recordaria o acontecimento? Alguns chefes perdoam e esquecem, porém muitos não são assim. Você pode estar esquecendo o que a chefe arquivou no decorrer dos anos sobre seu comportamento e suas atitudes. Ela pode se lembrar dos desacordos aparentemente inocentes de um modo muito distinto.

A evolução do relacionamento entre vocês diz muito sobre a situação atual. Será que você pode apontar o acontecimento exato que fez as coisas começarem a mudar entre vocês? Ao considerar o incidente do ponto de vista da chefe, você pode perceber de modo mais claro o impacto provocado? Se for assim, existe algo que possa ser feito agora a respeito disso? Se tiver sido no passado recente, talvez você possa suscitar uma discussão sobre o assunto, reconhecer o impacto, pedir desculpas etc. Jonathan teve esse tipo de insight quando fizemos esse exercício da linha de tempo. Compreendeu que, quando passou por cima da chefe com uma solicitação de orçamento três meses antes, o relacionamento entre os dois piorou. Rapidamente planejamos uma abordagem que permitisse Jonathan discutir o assunto com a chefe e limpar a atmosfera, o que ele conseguiu fazer. Entretanto, até ser capaz de enxergar o acontecimento pela perspectiva dela, Jonathan não havia se dado conta da extensão total dos danos que havia provocado no relacionamento.

Ainda pagando o preço

A primeira coisa que Jeffrey me contou quando começamos a trabalhar juntos foi que ele e sua chefe "tinham uma história". Aparentemente, o relacionamento foi bom no começo, mas se tornou amargo diante de um único assunto contencioso envolvendo um dos subordinados diretos de Jeffrey. Esse empregado havia cometido um erro em uma transação com um cliente, que custou muito dinheiro à companhia. A chefe queria que Jeffrey despedisse imediatamente a pessoa, mas Jeffrey se recusou. No final das contas, Jeffrey não foi obrigado a despedir o empregado, que permaneceu. Jeffrey ainda não sabe por que a chefe não usou a carta de "estou de olho em você", mas de algumas maneiras está sofrendo um destino pior do que ser obrigado a escolher entre o emprego ou seus princípios. A chefe passou a ser fria e distante desde então, e não interage com o pessoal de Jeffrey. Ela o está congelando, o que ele acredita ser um estratagema para fazê-lo pedir demissão. Ao ajudar Jeffrey a perceber o processo pela perspectiva da chefe, decidimos tentar a abordagem direta. Jeffrey solicitou uma reunião com ela, na qual contou o que havia aprendido com a experiência e como queria deixar esse episódio para trás. Ele não admitiu que deveria ter despedido o empregado, mas reconheceu que deveria ter ouvido com mais atenção o ponto de vista dela. No final das contas, essa abordagem funcionou: o relacionamento melhorou. Os dois sempre se lembrarão do caso, é claro, mas concordar em seguir adiante parece estar funcionando.

Isso nos traz ao aqui e agora. Se, de alguma maneira, você pudesse entrar na cabeça de sua chefe, como ela descreveria o relacionamento? Não fique preso em como você o descreveria; em vez disso, considere a questão a partir da perspectiva dela. O que você oferece a ela? Ela pode contar com sua ajuda e lealdade? Você é um jogador de equipe? Custa caro manter você? Ela gosta de se reunir com você?

No final das contas, trata-se do seguinte: você não é o único que tem um relacionamento com ela. Sua chefe tem uma percepção de você, que é tão legítima quanto a que você tem dela. Você pode não concordar com seu ponto de vista, mas não pode lhe negar o direito de ter um. E, mais ainda: sua chefe é humana, o que significa que tem uma memória longa. Tudo sobre a história conjunta de trabalho de vocês é envolvido pela percepção atual que ela tem de você. Não conte com sua chefe sendo do tipo "viva e deixe viver"; as chances de ela não esquecer de nada do que aconteceu no passado são grandes. Tenha os insights importantes da história compartilhada de vocês e compreenderá mais sobre o que ela deseja.

Observar o relacionamento pela perspectiva de sua chefe é um passo importante no processo de reflexão, e espero que você ganhe novos níveis de insight a partir dessas questões. Agora vamos para a etapa final: a criação de um plano de ação para adaptar sua própria atitude e comportamento para fazer com que o relacionamento seja mais efetivo.

INSIGHTS

A história compartilhada entre vocês
- *Considere como sua chefe enxerga a história de vocês como um todo.*
- *Tenha consciência de como eventos específicos podem ter impacto em seu relacionamento.*
- *Saiba como ela descreveria o estado atual do relacionamento entre vocês.*

Avalie a história completa do relacionamento entre vocês.

PASSO 3

Assuma responsabilidade pelo relacionamento

Os Passos 1 e 2 foram dedicados à conscientização e compreensão. As questões foram pensadas para abrir sua mente ao dedicar um olhar mais profundo sobre as motivações do seu chefe, e enxergar o relacionamento a partir do ponto de vista dele ou dela. Equipado com esses insights, chega o momento em que você deve assumir responsabilidade pelo relacionamento. Lembre-se, você não vai mudar o chefe, as melhoras virão com a modificação das suas atitudes e do seu comportamento. Nesta seção irei proporcionar dicas gerais e técnicas para fazer os ajustes, e oferecer recomendações específicas para quatro dos cenários mais comuns de chefe/ motivações.

Tudo começa com atitude

Comecemos discutindo o ajuste mais importante que você precisa fazer: sua atitude. Qualquer progresso que você faça com seu chefe deve estar enraizado em uma nova maneira de olhar para ele. Você jamais conseguirá mudar seu comportamento se, primeiro, não ajustar sua atitude. Acredito que esses dois conceitos são igualmente importantes. Você precisa ter a intenção de mudar sua atitude *e* seu comportamento. Ajustar sua atitude começa com o modo como você vê seu chefe.

A história de um cliente ilustra a razão pela qual a atitude é tão importante. Alguns anos atrás, o chefe de Paul solicitou que ele trabalhasse a habilidade de ouvir. Paul colocou todos os comportamentos de atenção no lugar: removeu as distrações, melhorou o contato visual e a linguagem corporal, passou a fazer muitas perguntas etc. Durante algum tempo ele teve um bom progresso, mas posteriormente eu soube que Paul havia regredido: voltou a ser um péssimo ouvinte. Por quê? Ele nunca mudou sua atitude quanto a ouvir o chefe. Paul nunca prestou atenção aos feedbacks e secretamente mantinha um estado mental de "Sou mais esperto que ele, então por que deveria prestar atenção nele?". Não é preciso dizer que o chefe não ficou impressionado com o progresso de Paul. Seus novos comportamentos não se mantiveram porque não estavam ancorados em uma nova atitude, uma perspectiva mental que podia ser sintetizada em "Preciso me tornar um ouvinte melhor, pois isso é importante para meu chefe". Como coach, já vi isso acontecer algumas vezes. Alguns clientes acreditam que tudo que precisam fazer é ajustar seu comportamento, mas não se comprometem a mudar a atitude no que diz respeito ao relacionamento com o chefe. Isso não funciona. Seu coração não vai estar empenhado nisso e o chefe vai perceber. Por essa razão, é importante identificar e realmente fazer um ajuste de atitude. Sua perspectiva mental serve como alicerce para seu comportamento. Examine dessa maneira: se você puder mudar o modo como pensa sobre o relacionamento, qualquer coisa é possível do ponto de vista do comportamento, e você terá uma chance muito maior de manter o sucesso.

Definindo atitude

O que quero dizer por atitude? O dicionário define atitude como um sentimento ou emoção em relação a um fato ou situação. Isso funciona bem — sua atitude em relação ao chefe é certamente emocional e está ligada à mudança de estado no relacionamento. Assim, concordemos que, por atitude, queremos dizer sentimentos e emoções. Mais ainda, sua atitude pode ser observada, ouvida e sentida pelos outros — linguagem corporal, tom de voz e expressões faciais são as manifestações físicas de suas emoções. Encare a verdade: você não está escondendo sua atitude diante de seu chefe. Ele consegue perceber sua atitude só de olhar para você (aliás, o mesmo vale para qualquer pessoa).

A primeira coisa que você tem que fazer é articular sua atitude atual em relação a seu chefe. Conversar sobre isso é o que funciona melhor, então convide um colega de confiança para praticar com você esse exercício (se não se sentir confortável com isso, pelo menos escreva tudo). Descreva ou escreva todas as emoções, pensamentos e sentimentos que você tem em relação ao chefe. Explique por que sente isso e compartilhe ou escreva exemplos que expliquem sua atitude mental. Há muito para digerir aqui: as motivações do chefe, a história do relacionamento, interações críticas etc. Traga tudo isso para a superfície. Para poder ajustar sua atitude, primeiro é preciso defini-la. Você tem uma atitude específica em relação ao seu chefe, e se quiser ter sucesso na mudança do relacionamento, primeiro é necessário determinar em que área você pode modificar sua atitude mental atual.

Modifique sua história

Então, como fazer isso? Como modificar sua atitude em relação ao chefe? Não é tão difícil quanto você pensa, mas exige uma mente aberta, um sentimento novo de maturidade e também dedicação na busca da verdade. Há três coisas que você precisa fazer: 1) ganhar uma nova perspectiva do relacionamento, 2) modificar sua história, e 3) comunicar sua nova atitude. A boa notícia é que você já deu o primeiro passo. Para criar uma nova disposição mental sobre seu chefe é preciso observá-lo de outra maneira. Foi por isso que você estudou suas motivações e olhou para si mesmo pelos olhos dele. Esses insights são necessários para que se possa dar o próximo passo.

O segundo passo envolve a modificação de sua história. É isso mesmo, você vive uma história, uma história que você criou. É a sua história e de seu chefe de um único ponto de vista — o seu. Pode ser uma história de perseguição, traição e perda de confiança. Talvez seja uma história de oportunidades perdidas, ou de ser relegado nas promoções. Independente da narrativa, a história é unilateral: você se imagina como o herói, e seu chefe como o vilão. Você convenceu a si mesmo de que está certo, e de que ele está errado.

Sua história é muito poderosa: você a contou para si mesmo (e para outras pessoas) tantas vezes que ela se transformou em realidade. Mas é uma realidade distorcida, que você inventou e racionalizou para justificar o relacionamento. Mesmo que muitos aspectos dela sejam verdadeiros, em sua cabeça você provavelmente a empurrou para fora dos limites da credibilidade. Não acredita em mim? Na próxima vez que conversar sobre seu chefe com um colega, com o cônjuge ou com um amigo, preste atenção no que está dizendo. Não parece que você é a vítima? Confie em mim, já ouvi um monte de histórias trágicas sobre chefes no decorrer dos anos (e também contei algumas).

Entretanto, existem dois lados em cada história. Independente de como você se sente em relação à sua chefe, ela não sente o mesmo em relação a você. Seja lá como você conte a história, ela terá uma versão diferente. O segundo passo no ajuste de sua atitude é reconhecer isso e elaborar a descrição mais objetiva possível de seu relacionamento com a chefe. Em outras palavras, você precisa modificar a história. Exemplos disso incluem:

História antiga: Minha chefe oculta informações de mim deliberadamente.

História nova: Preciso pedir mais informações; ela nem sempre compartilha tudo.

História antiga: Meu chefe não está interessado em meus projetos; não estou em seu radar.

História nova: O foco dele está agora em outro lugar, mas ainda faço parte de seus objetivos anuais.

História antiga: Minha chefe não quer que eu tenha um relacionamento com sua gerente.

História nova: Ela valoriza o alinhamento, e quer permanecer em estreita relação com o topo da cadeia.

História antiga: Meu chefe está demitindo parte do meu grupo para me punir.

História nova: Ele está me deixando mais livre para alcançar resultados melhores nas minhas principais áreas.

História antiga: Minha chefe não quer saber de minhas ideias.

História nova: Ela quer, porém preciso apresentar soluções práticas e mais fundamentadas.

Dá para sentir o ajuste na atitude? Percebeu como a história muda quando vista por uma lente mais angular? Modificar a história do chefe é parte de criar uma nova disposição de ânimo. Eis um exemplo que ilustra o poder provocado pela mudança de narrativa. Muitos anos atrás, eu tinha uma história sobre um de meus chefes. Nós tínhamos muita dificuldade para entrar em acordo e eu estava convencido de que ele me detestava, não confiava em mim, e queria mesmo me demitir. Passava todo final de semana preocupado com o que ele pensava de mim. Eu me sentia um trapo e fazia da vida da minha esposa um trapo também. Só conseguia falar sobre meu relacionamento com o chefe, e sobre como ele estava se deteriorando rapidamente. Um dia, contei a história para uma colega de trabalho, e ela disse algo que mudou minha vida: "Steve, você está analisando demais isso. Você passa muito mais tempo se preocupando com Mike do que ele com você. Ele não perde um minuto pensando em você quando sai do escritório." Puxa. Minha história incluía essa imagem de meu chefe passando todo o fim de semana refletindo sobre nosso relacionamento, bolando esquemas para me humilhar etc. A simples observação dela realmente abriu os meus olhos, e percebi que ela estava certa: Mike não contemplava o relacionamento da mesma maneira que eu. Eu vivia uma história completamente sem fundamento e, francamente, piorava a versão a cada semana. Será que você está fazendo isso? Será que está criando uma história que joga você para baixo e piora a situação? O quanto dela é real e quanto é fruto de sua imaginação?

Analise bem sua história, e realmente se empenhe em compreender como está representando o relacionamento. Como coach, frequentemente me lembro dessa história e a conto novamente para meus clientes; não há nada como ouvir a si mesmo choramingando sobre o chefe para compreender exatamente como isso soa. Repito: convide um colega para ajudá-lo em relação a isso. Comece contando sua história e faça-o repetir o que ouviu: a parcialidade da história pode surpreender você. No momento em que admitir para si mesmo a verdadeira natureza da história, modifique-a. Pegue cada elemento e recoloque-o em termos mais objetivos. Use todos os seus insights e reescreva o roteiro. É fascinante ver como as duas histórias podem ser tão distintas. A primeira é geralmente uma história de vítima, enquanto a segunda é um relato imparcial do relacionamento que leva em conta motivações e circunstâncias. Quando você modificar sua história, estará pronto para o passo final: comunicar ao mundo sua nova atitude.

Comunique sua história nova

Mudar sua história não significa nada se você não compartilhar a nova versão. Assim, a terceira etapa do ajuste de sua atitude envolve tornar pública a sua história nova. Se seus colegas e seu chefe não souberem do seu novo ponto de vista, você não terá feito nenhum progresso efetivo. Existem duas maneiras de fazer isso. Primeiro você tem literalmente que contar a seus colegas uma história diferente. Seus colegas e subordinados precisam ouvir você falar de modo diferente sobre o chefe. Todos têm que sentir que você está assumindo responsabilidade pelo relacionamento.

Modificar sua história envolve deixar sua negatividade para trás e sair do estado de vítima. Pare de se queixar sobre seu chefe imediatamente. Substitua os comentários sarcásticos por declarações que mostrem o benefício da dúvida. Fuja de reuniões de autopiedade com os colegas ou, melhor ainda, transforme-as em sessões de brainstoming sobre como trabalhar de modo mais efetivo com o chefe. Seja objetivo quando falar dele e deixe que as pessoas percebam que você enxerga todos os lados pela perspectiva dele.

Você sacou a ideia. Não posso dizer de modo mais simples: pare de falar negativamente da sua chefe, e comece a falar objetivamente. Você está cavando um buraco com sua história atual, e cada vez que a conta, o buraco fica mais fundo. Em algum momento seus colegas vão deixar de ouvir você, ou sua chefe vai saber da história, o que vai provocar ainda mais danos no relacionamento. Confie em mim, não vale a pena. Você está pronto para ajustar e melhorar o relacionamento ou vai continuar nesse caminho para a destruição?

Eis uma história que ilustra o quanto é importante mudar a sua narrativa. Lori se queixava o tempo todo aos colegas sobre não ser promovida. Dizia para todo mundo que a chefe havia lhe prometido uma promoção e depois desistira "para me mostrar qual é o meu lugar". A primeira coisa que Lori mudou sobre sua atitude foi essa parte da história: a partir daquele momento, jamais mencionou novamente a questão da promoção, seja com a chefe, seja com os colegas. O coaching que fiz com Lori foi: "Tire esse tópico da equação; não deixe que se torne munição para quando outros avaliarem sua atitude ou desempenho." Ao eliminar a mentalidade de vítima de sua história, Lori removeu o rótulo de chorona que os demais, naturalmente, haviam dado a ela.

Se você precisa ser convencido de que isso pode funcionar, olhe ao seu redor. Conhece aquele colega que sempre mantém a calma, permanece positivo e construtivo e é um profissional maduro e estável? Aquele que achou uma maneira de coexistir pacificamente com o chefe, a despeito dos mesmos problemas que você tem? Esse é o seu modelo; é ele que você precisa emular. Esse é o rótulo que você busca com essa nova atitude. Matt tinha um colega desses. Essa pessoa rotineiramente lhe perguntava: "Por que você deixa que a chefe o irrite? Não percebeu o que ela quer?" Matt admirava a ótima maneira como seu colega havia se adaptado ao estilo da chefe e ficou intrigado sobre como ele conduzia o relacionamento. Eu o encorajei a descobrir mais: "Matt, esse é o seu modelo; converse com ele e aprenda como ele faz."

Realmente acredito que se apoiar em um colega de confiança pode ajudar você com sua história. Eis um exemplo do valor de aprender com os colegas. Hanna tinha muitas dificuldades para se alinhar com o chefe no que dizia respeito a estratégia e objetivos. Não é um dilema incomum, certo? A história de Hannah era a seguinte: "Ele não entende deste campo e está sendo muito controlador com o processo. Não ouve nada. Está mais preocupado com o que seu chefe quer dele do que com fazer o que é certo. É inflexível, teimoso e quer controlar todos os detalhes. Não se importa em fazer isso direito, só com deixar as coisas mais fáceis para todos." Essa história soa objetiva? Claro que não. Hanna estava completamente no modo de vítima. Aliás, ela contava essa história para qualquer pessoa. Que atitude você acha que ela estava projetando? Felizmente, um colega de confiança lhe sugeriu que mudasse sua história.

Aos poucos, Hannah foi trabalhando para modificar sua história, que se transformou na seguinte: "Estamos observando o assunto através de perspectivas diferentes, ambas legítimas. Não é pessoal; ele simplesmente tem outra opinião, e preciso trabalhar mais duro para influenciá-la. Sei que está motivado por agradar seu chefe, de modo que deve haver outras circunstâncias que fazem com que ele assuma essa posição. Talvez ele esteja negociando uma troca entre meu projeto e outros. Seja como for, ele tem experiência com nossa cultura, e devo levar isso em consideração — a empresa talvez seja incapaz de absorver esse processo no momento." Soa diferente, não é mesmo? A história muda se você der um passo atrás e não levar o assunto para o lado pessoal. Essa é realmente a chave para modificar sua história: dar um passo para trás e descartar toda a bagagem pessoal. Devido ao fato de haver estudado seu chefe, você sabe qual é a raiz do comportamento dele. Desenvolva uma nova história que incorpore tudo o que você aprendeu. Garanto que o relacionamento irá melhorar.

Veja, não estou lhe pedindo para virar uma Poliana: não é preciso dar uma volta de 180 graus. Algumas coisas a respeito de seu chefe ainda irão incomodá-lo. A diferença é como você deixa esses comportamentos o afetarem, e como escolheu agir ou reagir. Sua história nova sobre o chefe deve levar em conta as motivações dele. Sua atitude evidente deve evoluir da posição de vítima para a de quem está no controle. De um estado mental de "Não consigo lidar com isso" para "Tenho tudo sob controle". Deixe que seus colegas escutem sua história e garanto que a percepção dos outros sobre você mudará, e você se tornará mais confiante e confortável quanto mais contar a história nova.

Mude seus comportamentos

A segunda maneira pela qual você irá comunicar sua história nova é mudando o modo de se comportar ao redor da chefe. No que diz respeito a ela, não basta que você simplesmente fale, tem que demonstrar como ajustou sua atitude. Você fará isso adotando novos comportamentos (ou interrompendo aqueles improdutivos). Assim, vamos passar da atitude para comportamentos e falar sobre como assumir a responsabilidade pelo relacionamento visivelmente.

Meus clientes e eu temos um código para essa tarefa. Nós a chamamos de "51 por cento". Nas sessões de coaching eu pergunto regularmente a eles: "Vocês estão alcançando os 51 por cento?" É minha maneira de lembrar que eles devem ir mais do que ao meio do caminho quando se trata de aprimorar o relacionamento com a chefe. A proposta não é de ficar pela metade. Você tem que se comprometer mais com esse objetivo do que sua chefe. Obviamente, o número é simbólico; o que desejo que você aprenda é que você mesmo tem que fazer a maior parte do trabalho para avançar esse relacionamento.

Ajustes visíveis de comportamento aparecem em quatro tipos: ações para parar, iniciar, enfatizar ou minimizar. Algumas dessas mudanças são sutis, outras, bem deliberadas. Comecemos com os comportamentos que você deve parar. De modo geral, se você faz alguma coisa que irrita seu chefe, pare com isso imediatamente. De fato, a maioria das pessoas me diz que parar esse comportamento foi o ajuste mais produtivo que fizeram quando trabalhavam para melhorar o relacionamento com o chefe. Exemplos de comportamentos típicos que as pessoas escolhem interromper incluem:

- Arrastá-lo para debates intermináveis nas reuniões de equipe.
- Encontrar com os colegas dele sem que ele saiba.
- Discutir com ela sobre pequenos detalhes de apresentações ou relatórios.
- Resistir ao cronograma de trabalho preferido por ela.
- Insistir demais em um ponto de vista a ponto de enraivecê-lo ou frustrá-lo.
- Lamentar ou se queixar (sobre qualquer coisa).

Experimente este exercício: faça uma lista de quaisquer comportamentos que chateiam seu chefe. Seja honesto; você sabe em que momentos pode ter sido inconveniente. Pense novamente sobre as preferências dele e sobre como ele o vê. Quais desses comportamentos você poderia interromper imediatamente? A que custo? Aposto que alguns desses comportamentos podem ser abandonados de imediato sem que você entre em alguma desvantagem (na verdade, é mais provável que você irá ganhar mais do que perder). Pense cuidadosamente no que ele realmente quer de você.

Acredito que descobrirá que interromper certos comportamentos é mais útil do que iniciar novos. Lembro-me de um chefe que odiava quando eu o questionava em público. Para ajustar, simplesmente transferi essas conversas para os encontros em que estávamos sozinhos, e esse simples ato melhorou nosso relacionamento.

Em outros casos, é necessário que você adote novos comportamentos. Mais uma vez, observe seus colegas bem-sucedidos — o que eles fazem que você pode copiar? Hudson tinha uma chefe com quem quase todos se atritavam, com exceção de um de seus colegas. Perguntei a Hudson o que essa pessoa fazia de diferente, e ele soltou, irritado, comentários sobre cinco coisas que pareciam funcionar com a chefe. Minha pergunta óbvia foi: "E por que você não faz algumas dessas coisas?" Hudson decidiu adotar dois desses comportamentos: 1) dar à chefe mais tempo para que ela revisasse os materiais, e 2) criar e enviar a ela antecipadamente a agenda de suas reuniões individuais. Ambos exigiam um pouco mais de trabalho, que ele não estava disposto a fazer. Entretanto, observando as reações do colega, Hudson acrescentou alguns comportamentos novos ao seu jogo e alcançou com mais sucesso as expectativas da chefe. Então, a que novos comportamentos você tem que se adaptar? Em que é preciso que você modifique sua abordagem? O que você precisa começar a fazer de modo diferente?

Compartilharei um de meus ajustes de comportamento, e embora essa mudança não seja possível para todos, valeu a pena para mim. Houve uma época em que eu tinha uma chefe que valorizava começar cedo o dia de trabalho; se ela não o visse de manhã cedo, não considerava que você estava disposto para o trabalho (não importava se você ficasse até mais tarde — qualquer trabalho que fizesse depois que ela ia embora não contava). Eu geralmente chegava por volta das 8h30, o que realmente não se encaixava em seu estilo. Quando mudei meu horário para chegar às 7h da manhã, nosso relacionamento imediatamente melhorou. Bem, eu tinha a possibilidade de fazer esse ajuste no meu horário, mas compreendo que nem todos têm essa flexibilidade. No entanto, isso ilustra meu ponto de vista de que, quando se trata de mudar comportamentos, você deve buscar as dicas nas preferências dos chefes. Determine quais são os pontos de atrito no relacionamento entre vocês, e descobrirá coisas que pode começar a mudar e que farão desaparecer esses atritos. Eis alguns exemplos de mudanças comuns de comportamento:

- Falar positivamente dela para seus colegas.
- Apresentá-la a pessoas influentes (dentro ou fora da empresa).
- Oferecer-se para cumprir tarefas difíceis.
- Proporcionar mais informações relevantes do que o solicitado.
- Usar a palavra "oportunidade" em vez de "problema".
- Proporcionar-lhe contextos organizacionais que ela não está tendo em outros lugares.

Em outras ocasiões, tudo o que é preciso é calibrar as coisas para mais ou para menos. Nesses casos, treino as pessoas para examinar o que elas podem "fazer mais" ou "fazer menos". O comportamento está certo, mas eles estão simplesmente fazendo demais (ou vice-versa). Brett precisou tomar essa atitude em relação a checar as coisas com o chefe; ele estava simplesmente fazendo isso com muita frequência. Estava preocupado em não cometer erros, o que ironicamente fazia seu chefe desconfiar da sua competência. Brett teve que diminuir rapidamente a ênfase nesse comportamento. Então, que comportamentos você pode exibir com maior ou menor frequência? Aqui estão alguns exemplos de mudanças comuns de comportamento para "mais ou menos":

- Sempre se lembrar de falar com ele quando se trata de aprovar questões sensíveis.
- Pedir a opinião dele quando se trata de fazer escolhas difíceis.
- Sempre levar mais de uma solução possível para a discussão.
- Modular a frequência e a duração de suas falas nas reuniões de equipe.
- Dar menos "passadinhas" na sala dele.
- Discordar em público (faça isso em particular).

A simples modificação de alguns comportamentos pode fazer você se alinhar com o chefe. Pode fazer a diferença entre entregar o que ele pediu ou perder pontos. Sempre se lembre de que você é a única pessoa que pode controlar seu próprio comportamento. É preciso somente ter a disciplina e a dedicação para fazer os ajustes certos.

Escreva um plano de desenvolvimento

Adotar um novo comportamento (e manter-se firme nele) tem o efeito de alimentar sua nova atitude. De fato, a conexão comportamento-atitude é tão crítica que recomendo que você documente os dois ajustes em um plano formal de desenvolvimento (veja a Figura 1). Na coluna da esquerda, coloque as duas ou três áreas do relacionamento com o chefe nas quais você quer focar. Na coluna do meio, escreva as atitudes ou disposições mentais que você se compromete a assumir — sua nova história. Na coluna da ponta direita, escreva qualquer comportamento novo que irá iniciar, parar ou ajustar, ações que seus colegas e seu chefe realmente notarão. Essas duas colunas finais devem agir em conjunto. Declarações de atitude se alinham a comportamentos novos. Acho que você constatará que ambos os ajustes são necessários se você realmente desejar melhorar seu relacionamento com o chefe.

Realmente acredito que você fará maiores progressos se suas ideias forem escritas como um plano formal de desenvolvimento. O ato de escrever um plano cimenta suas intenções. Assim, escreva, mantenha o plano consigo e o consulte frequentemente. Atualize-o na medida em que sua experiência com o chefe progride. Caso se sinta confortável com isso, compartilhe o plano com um colega de confiança e peça para ele agir como seu coach. Pergunte: "O que você está notando? O que tem funcionado? Como o chefe está respondendo?" Nesse momento você precisa de avaliação sobre como está caminhando, então não seja tímido e peça sugestões de outras pessoas. O ato de documentar sua estratégia e buscar feedback serve como catalisador para seu objetivo final: assumir a responsabilidade por melhorar o relacionamento com seu chefe.

Figura 1 — João da Silva – Plano de desenvolvimento de liderança
Objetivo geral: Construir um relacionamento melhor com meu chefe

Oportunidade de desenvolvimento	Ajustes de atitude (mudanças que desejo fazer na minha mentalidade)	Comportamentos aparentes (comportamentos evidentes para os demais)
Alinhar-me com meu chefe — compartilhar os mesmos objetivos	• Não sou fácil de se lidar; preciso observar meu estilo pela perspectiva do meu chefe e fazer ajustes. • Preciso basear esse relacionamento em sólida confiança mútua. • É minha tarefa apoiar o que meu chefe estiver tentando realizar.	• Parar de discutir com meu chefe em público; deixar essas observações para encontros pessoais. • Permanecer com a mente aberta diante das exigências do chefe; fazer perguntas melhores. • Alinhar meu trabalho para apoiar os objetivos dele; trabalhar em coisas que são importantes para ele. • Demonstrar aos demais que estou realmente dedicado à missão.
Consertar o relacionamento; agir proativamente para nos levar a uma situação melhor	• Criei uma "história" sobre meu chefe que pode não ser precisa. • Tenho que melhorar esse relacionamento, a responsabilidade é minha. • Outros notam minha atitude em relação ao chefe; preciso ter consciência de como projeto meus sentimentos.	• Parar de me queixar do chefe para os colegas. • Olhar os lados positivos desse relacionamento; ser objetivo. • Procurar conhecer o chefe em um nível pessoal e se interessar por ele como pessoa. • Falar diretamente para o chefe: "Gostaria que tivéssemos um relacionamento melhor."
Seja um apoiador positivo; ajude-o a ter sucesso	• Meu sucesso está ligado ao dele; preciso que ele seja bem-sucedido. • Existem áreas em que posso ajudar a ele e ao nosso grupo; preciso ser menos egocêntrico e enxergar os benefícios maiores. • No dia a dia, uma disposição mental positiva é melhor do que uma negativa.	• Passar tempo com ele em situações sem pressão. • Dar a ele mais feedbacks positivos sobre as reuniões e os e-mails. • Parar de lutar contra o estilo dele; melhore suas reações diante das manias dele. • Apoiá-lo verbalmente em público, diante do nosso grupo e de outras equipes.

Cenários comuns de motivação/chefes

Embora cada relacionamento com o chefe seja único, existem alguns padrões de motivação de chefes que encontro com frequência em meu trabalho de coach. Os quatro perfis mais comuns de chefes ruins que encontro são os seguintes: 1) chefes inseguros, 2) chefes obcecados com o próprio ego, 3) chefes maníacos por controle, e 4) chefes focados na carreira. Esses perfis podem parecer uma generalização ampla, mas acredite em mim, eles existem. Minha intenção é lhe dar uma visão geral do que esses chefes querem de você e proporcionar conselhos para modificar sua atitude e seus comportamentos. Ao fazer isso, faço uma avaliação ampla de cada um, com o propósito de ilustrar os quatro tipos; seu chefe pode não se encaixar exatamente nesses estilos, mas algumas das motivações vão lhe parecer familiares. O que posso afirmar é que esses padrões de motivação dos chefes se mantêm independentemente de ramo, gênero, tamanho da empresa e cargo na organização.

O chefe inseguro

Esse chefe é motivado pelo medo. É tão inseguro sobre sua posição na organização que faz qualquer coisa para não provocar marolas. Não assume riscos e não gera ideias inovadoras. Tem medo do próprio chefe e, como resultado, faz sempre o que lhe mandam fazer. Não quer que você fale com os colegas dele porque é paranoico diante da possibilidade de que você o faça aparecer mal na foto. Não desafia coisa alguma e opera de maneira opaca, com pouca comunicação ou explicação (não quer que você veja o quão tímido ele é). Resumindo, está sempre preocupado com a própria segurança de seu emprego.

O que ele quer de você? Quer que mantenha a discrição e não provoque abalos. Ele lhe diz: "Só faça seu trabalho, não questione demais." Quer que você mantenha a cabeça baixa, tal como ele tenta fazer. Esqueça a possibilidade de ele o promover ou usá-lo como demonstração; seu único foco é sobreviver mais um dia. Acima de tudo, ele quer apenas que você não mostre como ele é ruim; não quer chamar atenção para si de nenhuma maneira. Sei que isso é deprimente, mas existem muitos chefes por aí que se encaixam exata ou parcialmente nesse perfil. Então, o que você faz em relação a isso? Como ajustar sua atitude e seus comportamentos?

Primeiro, ajude-o a assumir riscos calculados. Procure lugares onde você possa (gentilmente) conduzi-lo a agir, e mostrar que você tem o apoio de outros grupos para dar esse salto. Em segundo lugar, comente com outras pessoas sobre os sucessos e as melhores qualidades dele. Goste ou não, vocês dois estão juntos nisso, e sua reputação é vinculada à dele quando se trata de inovação, desafiar o status quo etc. Transforme-se no melhor agente de relações públicas dele e tente influenciar como os outros o veem. Em terceiro lugar, ganhe sua confiança como confidente. Quanto mais ele puder falar com você sobre seus sentimentos e preocupações, maior a chance de você ajudá-lo a adquirir autoconfiança. Em quarto lugar, faça a conexão dele com os líderes de maior sucesso da companhia. Se você tiver melhores relações internas que ele, ajude-o a participar dessas rodas. Finalmente, desenvolva um diálogo constante sobre a necessidade de sua equipe ganhar mais empuxe, entregar mais resultados, assumir desafios maiores etc. Seja esperto em relação a isso, mas demonstre que está pronto para fazer mais e peça que ele confie que a equipe pode alcançar metas mais ousadas. Se ele sentir sua confiança, isso pode intensificar a dele.

Agora, se nada disso funcionar, o melhor conselho que posso lhe dar é que fuja desse tipo de chefe; ele está abafando sua criatividade e prejudicando sua carreira. Se ele não mostrar progressos, converse com os recursos humanos sobre suas circunstâncias e trabalhe no sistema interno de mudança de posição. Se não conseguir ser transferido para outro gerente da empresa, considere a possibilidade de deixar a organização. Você pode tolerar certo tipo de chefe, mas esse estilo não irá contribuir em nada para seu desenvolvimento ou sua carreira. Esse tipo de chefe acaba com sua marca, e se ele considera aceitável afundar a própria carreira, você não vai querer afundar a sua junto. Ache um modo de ajudá-lo ou então mude de emprego.

Chefes obcecados pelo próprio ego

Essa chefe quer estar certa, o tempo todo. Ela está convencida de que suas ideias são as melhores, de que apenas ela tem uma perspectiva clara, e de que é a pessoa mais esperta de todas. Pode até ouvir suas ideias, mas não irá implementá-las (não sem antes dar uma mexida). Não gosta de sessões de brainstorming porque não precisa delas; já decidiu o que fazer. Não estimula contribuições ou debate nas reuniões da equipe; só dá ordens. Sua autoestima está presa a sempre ter a resposta certa e sempre tomar a decisão correta. Não quer compartilhar os holofotes — seu ego não permite que um de seus subordinados diretos receba crédito por nada. Veja bem, ela não quer controlar todo o processo de trabalho (de fato, a execução pode até aborrecê-la), mas controlará a direção e as ideias. Ela gosta de ganhar, mas para ela, ganhar é estar certa.

O que ela quer de você? Em primeiro lugar, quer que você ache as ideias dela brilhantes. Quer que você venere seu conhecimento, sabedoria e proficiência. Quer que você aprecie o que ela está lhe ensinando e que seja um aprendiz dócil. Quer que seja agradecido por estar em sua equipe, e enquanto ali estiver, dizer para toda a companhia o quão impressionante ela é. Principalmente, quer que você execute — que faça, não que pense. Você trabalha para esse tipo de chefe? Se sim, o que você faz? Como você se adapta e se desenvolve?

Em primeiro lugar, afine suas habilidades. Demonstre que vale a pena considerar você como um parceiro valioso; você jamais alcançará esse status se não estiver tendo um desempenho sem falhas. Em segundo lugar, experimente essa abordagem quando estiver vendendo uma ideia: peça a ela que pense no assunto de um dia para o outro. Um de meus chefes, Joe, era mestre nisso — ele terminava todas as sugestões dizendo: "Só quero que você reflita sobre isso. Amanhã você me diz o que acha." Ao adiar a rejeição direta da ideia, Joe na verdade ganhava mais pontos do que perdia. A ideia pode ter sido, no final das contas, reformulada e apropriada pelo chefe dele, mas ainda assim Joe conseguia expor melhor suas ideias (de modo sutil e não ameaçador). Em terceiro lugar, não faça bico se suas ideias não estiverem sendo ouvidas. Mantenha a cabeça fria e continue tentando.

Se você ficar magoado ou começar a se queixar com os colegas, ela vai notar sua atitude e é provável que você pague caro por isso. Em quarto lugar, apresente e contextualize dados. Mostre a ela que você também é uma pessoa que pensa organizadamente. Aumente a aposta quando se tratar de julgamento, tomada de decisão, qualquer geração de ideias, fazendo antes seu dever de casa e, depois, apresentando isso de maneira objetiva. Um chefe esperto respeita e valoriza outras pessoas espertas. Melhore sua habilidade de preparar afirmações baseadas em provas e aumente a aposta quando se tratar de pensar estrategicamente.

Finalmente, modifique um pouco sua história. Ela pode ter um ego enorme, mas pode ser que você esteja aprendendo muito com ela, e isso é valioso para sua carreira. Ela também pode estar certa sobre muitas coisas, o que é bom para a reputação da equipe. Então, goste ou não do estilo insolente dela, o resultado final é melhor do que trabalhar para uma chefe insegura ou maníaca por controle. Prometa aproveitar o que há de melhor nela. Afinal, o modo como ela o trata não é pessoal, é simplesmente seu estilo. Rotule-o, compreenda-o, e adapte-se a ele. Você talvez veja que fazer parte de uma equipe vencedora é melhor do que as desvantagens (temporárias) de falta de reconhecimento por suas próprias ideias.

Chefes obcecados por controle

Esse chefe é motivado — sim, você adivinhou — por ter o controle total. Ao contrário do chefe obcecado pelo próprio ego, ele não é a pessoa mais esperta da equipe, e pode até ser um pouco inseguro, razão pela qual quer controlar todos os detalhes de seu trabalho. Ele tem doutorado em ser controlador. Precisa saber de tudo o que está acontecendo. Não quer ver você falando com o chefe dele ou com seus colegas, porque quer controlar as conversas. Todas as ideias devem ser avaliadas, todas as apresentações, revistas, e cada passo no processo tem que ser escrutinizado. Qual é a razão? Ele acha que essa é a única maneira de conseguir fazer o trabalho de modo correto. Está mais focado no processo do que nas grandes ideias. Não lidera, inspira ou treina; ele *gerencia* — você e o seu trabalho. E faz isso incessantemente, todo santo dia.

O que ele quer de você? Quer que você siga o que ele determina sem questionamentos. Quer que faça o que ele manda fazer. Não quer que você se desvie do plano, e certamente não aprecia quando você conversa com outros departamentos (sem o conhecimento dele). Sim, ele quer que você execute, mas apenas do modo dele. Para ele, você é praticamente um parafuso solto. Não vai permitir que se exponha diante da companhia porque é ele quem é indispensável. Quer que você voe em formação e faça seu trabalho, não que pense fora da caixinha ou atraia atenção para si mesmo. Como você pode se relacionar melhor com esse tipo de chefe? Como pode se alinhar?

Primeiro, respire fundo e tente relaxar. Esse é o tipo de chefe difícil que tem as características mais embutidas em sua personalidade (essas motivações podem determinar também seu comportamento fora do trabalho). Esse chefe realmente não irá mudar, o gene do controle está embutido muito fundo. Sendo assim, modifique sua história. Esse é um traço dele, não é uma reflexão sobre você. Além do mais, se você é talentoso, não irá trabalhar para esse tipo de chefe por muito tempo, porque não vai aguentar isso. Em segundo lugar, em termos de ajustes, comece pedindo permissão para fazer as coisas de modo diferente. É isso mesmo, pergunte, literalmente: "Você se importa se eu tentar outra solução?" Seja calmo e paciente, mas comece a desbastar o controle exagerado dele. Em terceiro lugar, não o desafie publicamente, pois isso é uma ameaça direta ao seu estilo. Faça suas sugestões a portas fechadas, pessoalmente. Em quarto lugar, tente a abordagem direta. Fale sobre o estilo dele e sobre como você tem dificuldades com isso (repito mais uma vez, faça isso em particular). Diga: "Acho que você não está permitindo que eu use minha criatividade. Possuo muita experiência que não tenho permissão para usar porque você quer que as coisas sejam feitas de um modo determinado. Será que podemos trabalhar juntos de modo a me permitir ter mais liberdade sobre como as coisas são feitas?" Acredito que este seja um risco que vale a pena correr com chefes maníacos por controle. Se você for bom, ele vai recear perdê-lo, portanto tente usar essa tática se já ganhou a confiança e o respeito dele.

Percebo que muitas pessoas jamais tentam a abordagem direta — simplesmente falar sobre essas questões com o chefe. Com mais frequência do que não, quando o fazem, relatam que funciona. É preciso coragem, mas recomendo tentar isso se todo o resto já falhou. Betty assumiu esse risco. Em um momento de honestidade total, disse ao chefe: "Não me sinto confortável perto de você. Você me deixa nervosa, e não acho que o resultado seja me fazer trabalhar melhor. Como podemos modificar isso?" Fiquei orgulhoso dela. Ela colocou a essência do relacionamento em cima da mesa e convidou-o para criar uma solução mutuamente satisfatória. Funcionou. O chefe disse a Betty que sentia muito que ela se sentisse assim, e desenvolveram comportamentos práticos para abolir esse sentimento constrangedor do relacionamento entre os dois. De todas as abordagens diretas que recomendo, confrontar o chefe controlador é, de longe, a mais comum. Treine seu discurso com um colega de confiança e faça uma tentativa. Se você já está tão frustrado com esse tipo de chefe, o que tem a perder?

A chefe focada na carreira

Essa chefe é motivada por promoções. Fará qualquer coisa para avançar dentro da empresa. Ela é totalmente focada em sua próxima promoção e passa a maior parte do tempo manobrando para isso. É obcecada por poder e ultracompetitiva. Nem sempre joga limpo com seus colegas e não se importa se tiver que fazer alguma coisa nebulosa para avançar. Não é orientada para a execução, mas pelo resultado — seja lá o que a faça parecer bem. Gosta de manter tabelas de comparação e abertamente se compara (favoravelmente) a outros executivos. Não presta muita atenção em você ou em seu desenvolvimento, simplesmente porque está focada em si mesma.

O que ela quer de você? Quer que a faça sair bem na foto. Quer que a ajude a conseguir a próxima promoção. Não quer que roube os holofotes, que atraia mais atenção do que ela, e, sendo assim, que você se mantenha discreto. Ela não pretende ocupar o cargo por muito tempo, então não irá proporcionar treinamento nem avanço. Ela quer vencer (o que não é algo necessariamente ruim), mas pode pedir que faça coisas com as quais você não se sente confortável. Ela certamente quer que você trabalhe duro, porque quer acrescentar os seus resultados em sua tabela de pontuação. Também quer as suas melhores ideias — de qualquer maneira, manterá você escondido, de modo que, quanto mais ideias você gerar, melhor será a imagem dela. O que você faz com esse tipo de chefe? Como você assume a responsabilidade para que o relacionamento funcione?

Primeiro, faça-a parecer bem. Sim, é isso mesmo, faça o jogo dela. Se você ajudá-la na promoção, ou você se livra dela como chefe ou pega carona com ela (possivelmente também ganhando uma promoção). Sei que pode ser frustrante trabalhar para alpinistas corporativos. Eles não lhe dão muita atenção nem focam em seu desenvolvimento, mas pode haver esperança de que isso seja temporário. Reconheça as motivações dela e ajude a empurrar o carro. Ajude a chefe a conseguir o que ela quer dando o melhor de si: é provável que ela vá se lembrar de você quando finalmente ocupar o cargo que perseguiu.

Em segundo lugar, estruture uma história sobre ela que funcione em todas as situações. Deixe a narrativa sem graça para que você possa repetir muitas vezes, como um mantra. Andy era um gerente de vendas que fazia isso muito bem. A história padrão de Andy para se referir à chefe era uma declaração vaga: "Faz muito tempo que Pat é a Pat." Só isso. Era a frase que Andy usava sempre que falava sobre sua chefe. É claro que tinha um duplo sentido, e todos percebiam a piada. Com essa declaração simples, Andy dizia nas entrelinhas: "Sim, Pat manobra para ser promovida e só se importa com isso, mas não somos nós que vamos mudar isso. É o jeito dela." É um ponto sutil, porém importante: encontre uma maneira de expressar sua opinião sobre a chefe que não venha a lhe criar problemas. Se quiser elaborar para que as pessoas reconheçam que você compreende o que está acontecendo, melhor. Apenas mantenha a coisa simples, e não ameaçadora.

Em terceiro lugar, não faça nada que seja nem remotamente antiético. Não pegue atalhos nem fortaleça o julgamento equivocado dela. Mantenha seus próprios valores e as políticas da empresa e insista em fazer o que é certo. Recuse caso ela peça para você fazer algo fora dos limites. Fale com os recursos humanos se a coisa começar a ficar complicada. Você não tem que ajudá-la a atingir resultados que possam ficar manchados por malfeitos. Tenha coragem de se opor e diga não se ela pedir que você faça o trabalho sujo.

Por fim, mantenha o foco em suas próprias habilidades para construir relacionamentos. Esse tipo de chefe pode se queimar de uma vez por todas e frequentemente criam inimigos nos níveis acima, abaixo e em toda a empresa, porque as pessoas se ressentem da sua abordagem obstinada. É nesse momento que você precisa de outros mentores e de pessoas que possam protegê-lo se a situação terminar mal. Não se ligue exclusivamente à carreira dela, pois esta pode se desviar do curso e você pode ficar em maus lençóis.

Esses quatro tipos de chefe são os mais comuns que encontrei na minha carreira como coach, mas existem variações ilimitadas nos locais de trabalho. Qual é a combinação particular de preferências, valores e comportamentos de seu chefe? Como você descreveria suas motivações? Você compreende todos esses fatores de modo a maximizar o relacionamento? Repasse com calma as questões e exercícios recomendados nos Passos 1 e 2, e então formule um novo plano de ação. A coisa mais importante que você pode fazer é assumir a responsabilidade pelo relacionamento. Se você puder escrever e comunicar uma história nova, tem uma boa chance de mudar sua vida no trabalho de modo positivo.

POSFÁCIO

Seu relacionamento com seu chefe importa, e muito. É o fator mais crítico para você se envolver e ter prazer no trabalho. Se tiver um grande chefe, ele motivará você a trabalhar bem, desenvolver suas habilidades e florescer no papel. No entanto, se tiver um chefe ruim, provavelmente ele será a causa de sua frustração, desmotivação e estresse, e provavelmente não estará obtendo o melhor de você. Mesmo se tiver um grande chefe, você não tem garantias de que terá uma carreira cheia deles; mais cedo ou mais tarde acabará trabalhando com um com o qual terá de se esforçar para conseguir avançar, ou mesmo entender. Você está preparado para fazer algo em relação a isso?

Eu acredito que você precisa ser o catalisador da melhora desse relacionamento. Você não precisa ser uma vítima; pode mudar proativamente sua atitude e seu comportamento. Comece estudando seu/sua chefe para realmente entender suas motivações. Isso ajudará a responder a questão principal: "O que ele/ela quer de mim?" A seguir, faça uma observação honesta sobre como ele/ela vê você e esteja preparado para incorporar essa perspectiva em seus planos de mudança. Reveja os exercícios na seção de recursos e trabalhe com eles para documentar suas percepções.

Depois, armado com essas reflexões, reescreva sua história e ajuste sua atitude. Experimente novos comportamentos e evite os destrutivos. Talvez você precise ser mais ousado, ou mais suave. Talvez precise mudar mais, ou desafiar menos. Talvez precise checar seu próprio ego para se adaptar melhor ao estilo de seu/sua chefe. A questão é entender o que ele/ela realmente quer de você e se esforçar mais para fazer dar certo. Aliás, esse processo leva tempo. Portanto, não desista depois de uma ou duas semanas: continue se esforçando. Você precisa deixar que seu/sua chefe se ajuste a sua nova atitude e seu novo comportamento. Lembre-se, não foi da noite para o dia que você chegou a esse ponto com ele/ela; com certeza não poderá consertar o relacionamento em poucos dias. Terá que se dedicar e ser consistente com sua nova história e seus novos comportamentos.

No final, você pode decidir se afastar desse chefe. Essa certamente é uma opção legítima. De fato, tornou-se até um pouco clichê: as pessoas largam os chefes, não as organizações. Mas quantas vezes você poderá ir embora? Como será o novo chefe? E se ele/ela for tão ruim quanto ou pior? É por isso que acredito que sua melhor ação é tentar trabalhar de maneira mais eficaz com o chefe atual. O processo descrito no livro é uma prática que você pode usar por toda a sua carreira. Por que não começar agora?

Você é capaz disso; pode mudar seu relacionamento com seu/sua chefe. Mas tem que fazer isso acontecer. Tomar a iniciativa é a parte mais difícil. Eu sei que você quer que seu/sua chefe mude. Sei que você quer que ele/ela dê o primeiro passo, que diga: "Poxa, realmente sinto muito por ter tratado você tão mal durante todos esses anos, mas vou dar um jeito nisso." Eu não ficaria sentado esperando isso acontecer. Seu/sua chefe não vai mudar nem se adaptar ao seu estilo; é você quem precisa se ajustar ao estilo dele/dela. Você precisa olhar para essa relação de um modo diferente e se responsabilizar por melhorá-la. Você pode tornar sua experiência de trabalho mais prazerosa para si mesmo, uma em que estará trabalhando de forma mais produtiva com seu/sua chefe. Mas tem que trabalhar duro e se comprometer com uma nova mentalidade. Espero que use este livro como um mapa do caminho para essa jornada. Boa sorte... Eu sei que você é capaz!

RECURSOS

As 15 perguntas para refletir

Estude seu chefe

1 Como e quando seu chefe é mais facilmente abordável?
Escolha o melhor plano de interação.

2 Qual é o estilo de gerenciamento de seu chefe?
Adapte-se ao estilo de trabalho preferido do chefe.

3 Que tipos de comportamentos seu chefe recompensa?
Mantenha os comportamentos que ele considera apropriados.

4 O que seu chefe tenta alcançar em seu papel?
Considere os pontos de vista dele em sua função e missão.

5 Com que seu chefe se preocupa?
Sempre saiba quais são as prioridades dele.

6 Qual é a reputação de seu chefe na empresa?
Conheça a marca de liderança dele.

7 Quem seu chefe respeita?
Saiba quem ele respeita e por quê.

8 Onde seu chefe tem influência?
Lembre-se: o nível de influência dele tem impacto sobre você.

9 Como é o relacionamento de seu chefe com o chefe dele?
Aqui está a melhor pista do que ele quer de você.

10 Qual é a motivação primária de seu chefe?
O maior indicador — o que realmente motiva o comportamento dele?

Considere como sua chefe vê você

⓫ O que sua chefe valoriza em você?

Saiba como ela vê seu conjunto de habilidades.

⓬ O quão vital você é para a missão de sua chefe?

Mantenha-se relevante para a missão dela.

⓭ Em que sua chefe acha que você pode melhorar?

Descubra em que ela de fato quer que você melhore.

⓮ Como sua chefe apresenta você para outros?

Saiba qual é o apoio e o compromisso que ela tem com você.

⓯ Como é a história entre você e sua chefe?

Examine onde você já esteve antes de determinar para onde vai.

EXERCÍCIOS DE REFLEXÃO

Estude seu chefe

① Mantenha um registro diário dos humores do seu chefe.

Ação: Use esse conhecimento para se aproximar quando ele estiver mais receptivo.

Tarefa: Durante um mês, documente seus humores e conecte-os às suas ações.

② Documente seu estilo dominante de trabalho.

Ação: Adapte sua atitude e seu comportamento ao estilo dele; seu chefe não vai mudar por sua causa.

Tarefa: Descubra seu estilo dominante de trabalho — como ele gosta de administrar o trabalho?

③ Faça uma lista das preferências de seu chefe.

Ação: Comporte-se de acordo e tente agir como ele gosta.

Tarefa: Registre os comportamentos que seu chefe recompensa e os que ele pune, depois faça uma lista do que fazer e não fazer.

④ Determine a missão e o papel dele.

Ação: Escreva qual é a visão dele sobre seu próprio campo de trabalho e função.

Tarefa: Alinhe-se com essa missão; se você não puder se alinhar, peça para discutir essa questão.

⑤ Documente as prioridades mais importantes dele.
Ação: Escreva quais são suas três a cinco prioridades principais; no que ele está focado atualmente?
Tarefa: Verifique onde você se encaixa nessas prioridades, depois relaxe ou entre no jogo.

⑥ Articule a marca da liderança de seu chefe.
Ação: Descubra as características dominantes da liderança de seu chefe — como as pessoas o descrevem?
Tarefa: Saiba como os outros veem seu chefe e construa suas próprias relações no nível dele.

⑦ Faça uma lista de quem ele respeita e por quê.
Ação: Crie um "mapa das relações do chefe" — onde ele tem relações fortes ou complicadas?
Tarefa: Use esse conhecimento para navegar na organização a seu favor.

⑧ Verifique quem e o que ele é capaz de influenciar.
Ação: No mesmo mapa de relações, indique quem ele realmente influencia.
Tarefa: Alavanque essa influência onde puder, mas estabeleça sua própria marca onde ele tem dificuldade.

⑨ Observe como seu chefe fala do chefe dele.
Ação: Faça uma lista das palavras que ele usa para descrever o chefe.
Tarefa: Entenda essa dinâmica e estabeleça sua própria relação com o gerente de seu chefe.

⑩ Determine a motivação primária de seu chefe.

Ação: Descreva a motivação primária de seu chefe.

Tarefa: Use essa motivação particular para criar um plano geral e trabalhar de maneira mais eficiente com seu chefe.

Considere como sua chefe vê você

⑪ Faça uma lista de seus pontos fortes.

Ação: Registre 10 a 12 de suas melhores habilidades e capacidades.

Tarefa: Examine seus pontos fortes pela perspectiva de sua chefe; quais das suas habilidades ela utiliza inteiramente?

⑫ Compare suas prioridades com os objetivos gerais dela.

Ação: Descubra os principais objetivos e metas dela; circule aqueles nos quais você está diretamente envolvido.

Tarefa: Use essa análise para ter uma compreensão de sua importância para a missão dela.

⑬ Documente as suas oportunidades de desenvolvimento "não faladas".

Ação: Faça uma lista dos comportamentos que sua chefe quer que você melhore, mas não lhe diz.

Tarefa: Siga seus instintos; comece a trabalhar para melhorar nessas áreas.

⑭ Determine em que nível você está em relação a seus colegas.

Ação: Escreva uma descrição do empregado ideal de sua chefe, depois classifique os subordinados diretos dela.

Tarefa: Onde você se situa na lista dos favoritos dela? O que você pode aprender dos que estão acima de você?

⓯ Desenvolva a história de seu relacionamento com ela.

Ação: Faça uma linha horizontal; coloque os acontecimentos positivos acima da linha, os negativos, abaixo da linha.

Tarefa: Use esse gráfico para analisar a história do relacionamento entre vocês; escreva os incidentes críticos.

AGRADECIMENTOS

Várias pessoas contribuíram para a escrita deste livro, e eu gostaria de agradecer àqueles que me inspiraram e me ofereceram ideias e estímulo. Antes de mais nada, minha esposa Maureen ofereceu orientação e paciência durante todo o processo de escrita e leu o manuscrito muitas vezes a fim de me ajudar a deixá-lo direito. Maureen, obrigado por me escutar e dar sugestões por todo o percurso, e obrigado por me ajudar a manter este trabalho em perspectiva.

A seguir, gostaria de agradecer à admirável equipe de Berrett-Koehler, especialmente a Neal Maillet e Jeevan Sivasubramaniam. Como editor, Neal me proporcionou incontáveis sugestões e me ajudou a formatar a estrutura e o tema do livro. Obrigado, Neal, por acreditar nos propósitos deste livro, e por me ajudar a torná-lo uma realidade. Como diretor-gerente, Jeevan coordenou todo o processo de publicação, assegurando-me um feedback valioso e me facilitando o cumprimento dos meus prazos. Obrigado, Jeevan, pelo competente trabalho.

A seguir, quero agradecer a todos os meus antigos chefes. Aprendi alguma coisa com cada um deles, quer estivéssemos perfeitamente alinhados ou nos esforçando para entender um ao outro. Trabalhar com chefes tanto excelentes como difíceis contribuíram para que eu formasse meus pontos de vista sobre esse crítico relacionamento de trabalho e o processo apresentado neste livro. Olhando para trás, só desejaria ter aplicado esse processo mais rigorosamente a alguns chefes!

Por fim, quero agradecer a meus clientes pessoais. Embora não tenha usado seus nomes verdadeiros neste livro, suas histórias são reais. É preciso coragem para fazer esse processo funcionar, e agradeço a esses líderes pela abertura que tiveram para o desafio. Obrigado por me deixarem facilitar suas jornadas de desenvolvimento; foi realmente um privilégio.

Este livro foi composto na tipologia Minion Pro,
em corpo 11,5/15,3, e impresso em papel off-white
no Sistema Cameron da Divisão Gráfica
da Distribuidora Record.